내 아이를 위한
매일 3분
기도 하브루타

내 아이를 위한
매일 3분 기도 하브루타

초판 1쇄 발행 _ 2019년 4월 15일
초판 2쇄 발행 _ 2020년 6월 1일

지은이 _ 신혜영
펴낸곳 _ 바이북스
펴낸이 _ 윤옥초
책임편집 _ 김태윤
책임디자인 _ 이민영

ISBN _ 979-11-5877-089-1   03230

등록 _ 2005. 7. 12 | 제 313-2005-000148호

서울시 영등포구 선유로49길 23 아이에스비즈타워2차 1005호
편집 02)333-0812 | 마케팅 02)333-9918 | 팩스 02)333-9960
이메일 postmaster@bybooks.co.kr
홈페이지 www.bybooks.co.kr

책값은 뒤표지에 있습니다.

책으로 아름다운 세상을 만듭니다. — 바이북스

* 바이북스 플러스는 기독교 신앙의 본질을 담아내려는 글을 선별하여 출판하는 브랜드입니다.

안아주고, 대화화고, 기도하라!

아이의 미래를 열어줄 3분 기도 육아법

내 아이 제대로 키우고 싶은 엄마들의 필독서 　　　● 신혜영 지음

내 아이를 위한
매일 3분
기도 하브루타

바이북스†
ByBooks

● 김영철
바인그룹 회장

기도, 자녀에게 물려줄 수 있는 최고의 유산.

"이 험한 세상 가운데 우리 아이 어떻게 키워야 할까요?"

그리스도인 부모라면 매일 기도하며 고민하는 내용이 아닐까 생각합니다.

편안한 삶에 안주하려는 이 시대에 한 번쯤 고민해 봤을 기도. 이 책은 세상의 것을 바라며 요구하는 기도가 아닌 참된 본질을 고백하는 기도로 하나님의 형상을 닮아가도록 가이드해주고 있습니다.

부모에게도 부모 자신의 본질이 있듯이, 자녀에게도 자녀만이 가진 본질이 있습니다. 그동안 미처 다 따라 할 수 없었던 유대인의 하브루타 교육법을 3분의 기도 시간으로 자녀를 바라보는 관점을 달리하고 부모는 자녀를 온전히 받아들일 수 있습니다.

이 책을 통해 매일 자녀와 함께 대화하듯이 중심(본질)만을 바라보시는 아버지의 마음으로 오늘을 살아가기를 기대합니다.

● 김혜경

《하브루타 부모수업》,《하브루타 질문독서법》,《하브루타, 네 질문이 뭐니?》의 저자

당신은 어떤 부모가 되기 위해 애쓰고 있습니까?

자녀에게 어떤 부모로 기억되고 싶습니까?

매일 자녀를 위해 온 세포를 열어 기도하는 부모.

기도한대로 자신이 먼저 살아가려 애쓰는 부모.

기도문대로 강요하기보다는 질문하고 이야기하는 하브루타를 통해 자녀의 생각과 말문을 열며 따뜻하게 귀 기울여주는 부모.

이렇게 기억된다면 어떠할까요?

크리스천 부모들을 위한 기도 하브루타 실천서가 세상에 선보입니다.

하브루타를 통해

질문과 대화, 건강한 토론으로 행복한 이야기꽃을 피우는 부모, 가정을 만들고자 애쓰는 과정에서 저자를 만났습니다.

이 책을 읽으며 나직하고, 상냥하게 기도문을 읽는 저자의 모습이 저절로 떠오릅니다. 그리고 귀한 자녀와 질문하고 이야기하는 모습이 자연스레 포개어집니다. 정말 아름다운 모습입니다.

그 모습이 당신의 모습이 될 수 있습니다.
아니, 우리 모두의 모습이 되어야 합니다.
온기 있는 가정, 이야기꽃이 피는 행복한 가정이 행복한 아이를
키워내기 때문입니다.

잔소리가 아닌 기도로,
훈계가 아닌 질문으로,
기도와 믿음의 유산을 물려주고, 좋은 부모가 되기 위해 노력하
는 모든 크리스천 부모에게 하브루타 실천의 첫걸음이 되기를 희
망하며, 기도와 이야기꽃이 어우러지는 행복한 가정이 많아지기
를 간절히 기도합니다.

● 신규식

CTS경남방송 지사장

주입식 교육을 해왔던 우리나라에서 몇해 전부터 유대인의 전통적인 학습교육방법인 하브루타가 주목 받기 시작했습니다. 하브루타는 각자가 분석하고 자신의 생각을 조직화해서 상대방에게 설명하고 상대의 이야기를 듣고 질문하과 새로운 관점을 발견하기도 하는 방식으로 교육이 이뤄집니다.

하브루타는 우정, 동반자 관계라는 히브리어입니다. 두 명이 하나 하나를 배우는 것을 의미합니다.

세상 속에서 살아가는 우리 크리스천들은 세상 속에서 소금과 빛의 역할을 감당하기 위해서는 늘 깨어 있어야 합니다. 우리의 일상 속에서 하나님과의 교제의 시간이 바로 기도입니다.
저 또한 CTS에서 지사장으로 하나님 주신 영상선교 사명을 감당하고, 아들 둘, 딸 둘의 4자녀를 키우는 아버지로서 역할을 감당함에 기도의 힘이 아니면 방송사역도 가정사역도 해낼 수가 없습니다.

이렇듯 기도와 유대 교육법인 하브루타를 접목시켜 하는 기도 하브루타는 오늘날 가장 필요한 것이 아닐까 합니다.

다음세대가 한국교회의 미래입니다. 이 다음세대에 물려줄 신 앙의 유산이 무엇입니까?
자녀와 함께 자녀를 위한 기도를 매일 함께하고, 주일학교 교사 로 학생들을 위해 매일 기도하는 것이 이 미래를 밝힐 수 있는 방법입니다.
그런 면에서는 이 책이 바로 기도 생활의 지침서가 될 수 있을 것 같습니다.

이 책은 가이드가 있어 그대로 따라하다가 보면 어느새 기도가 생활화 될 수 있어서 좋은 것 같습니다. 기도 하브루타 책을 통 해서 아이와 함께 삶속에서 기도의 삶을 살아갈 수 있기를 소망 하고 그 기도의 씨들이 우리 한국교회의 미래가 밝아질 것으로 기대합니다.

아들을 임신했습니다. 제가 바라던 때가 아니었지요. 주님을 즉
시 원망하기 시작했습니다. 허니문 베이비를 축복으로 받아들
이기엔 제가 가진 모든 것이 턱없이 부족했기 때문입니다. 인간
의 마음이 앞서 나왔지요.

"주님, 왜 하필 지금 주십니까? 주님 젊을 때, 아이가 아직 없
을 때, 부부가 열심히 돈을 모아 경제적으로 좀 안정이 되고 나
서 아이를 주셔도 되는 거 아닙니까? 정말 너무합니다. 신혼생
활도 좀 해 봐야지 않겠습니까? 정말 해도 해도 너무 하십니다.
게다가 지금 저한테 부모가 되라니요? 이 성격으로 엄마가 되
면 아이는 저한테 찔려 죽습니다. 게다가 주님! 이러다가 아이
가 한 달이라도 일찍 나오면 저는 교회를 도대체 어떻게 다니란
말입니까?"

주님께 무릎을 꿇고 기도를 시작했습니다. 기도라기보다는 항
의에 가까웠지요. 세상에 아이가 없어서 주님께 매일 엎드려 기
도하는 수많은 부부가 얼마나 많은데 왜 원치도 않는 아이를 이
렇게 덥석 주시는 겁니까? 따져 묻기를 수차례 그렇다고 달라

지는 건 아무것도 없었습니다.

저는 또 할 수 없이 무릎을 꿇었습니다.

"그래요. 주님, 이것이 다 주님의 뜻이 있겠지요. 저는 모르겠습니다. 아시다시피 저는 준비된 부모가 아닙니다. 주신 분이 알아서 하시겠지요. 저는 그저 순종하겠습니다. 감……사합니다."

항상 그랬던 것 같습니다. 계획에 없던 일들은 언제나 일어났고 주님께 따져 물었습니다.

"주님 도대체 왜 이러십니까?"

그런데도 묵묵부답. 하나님의 음성은 없었지요. 혼자서 외치고 울며불며 기도해도 결론은 항상 같았습니다.

"네. 하나님 알겠습니다. 감……사합니다."

백기를 들고 주님께 항복했지만 앞으로 갈 길이 구만 리더군요. 임신과 출산이 큰일인 줄 알았더니 아이를 낳고 보니 하루하루가 큰일의 연속이었습니다. 내 아이를 누구보다 잘 키우고 싶은 욕심 많은 엄마였지만 그게 참 녹록치 않더군요. '빛과 소금'이 되는 아이를 키워내는 일이 이렇게 힘든 일인 줄 부모가 되기 전엔 정말 상상도 못 했지요. 어떻게 해야 할까 숱한 고민과 방황을 했습니다.

다윗과 같은 지도자가 되게 해 달라고 기도했고 솔로몬과 같은 지혜를 가진 자녀가 되길 기도드렸습니다. 그러다가도 "몸 하나만 건강하면 됩니다. 주님 감사합니다"라며 저의 욕심을 내려놓는 척 기도하기도 했지요. 행복한 아이가 되면 좋겠다는 추상적인 기도로 그저 "주님 감사합니다. 주님의 뜻대로 이루어지게 하소서"라고 늘 어정쩡하게 주님 책임론으로 마무리 짓기도 했습니다.

기도와 현실이 늘 평행선이었기 때문이었을까요? 기도에는 감사가 넘쳤지만, 진짜 삶에서는 감사가 늘 부족했습니다. 감사만 하기엔 아이를 키워내야 하는 세상은 정말 칠흑같이 어두웠습니다. 저는 무섭고 두려워 정작 아무것도 못하고 있었지요. 여전히 진정 우러나오는 감사의 삶과는 멀더군요. 어린아이를 키우는 것은 체력적으로도 힘에 부쳤고 심리적인 압박감도 무시할 수 없었습니다.

저는 아이와 윈윈할 수 있는 뭔가를 찾아야만 했습니다. 저는 가르치는 삶을 사는 선생이기에 아이와 저에게 도움이 되는 교육법을 찾아 헤매기 시작했습니다. 책도 부지런히 읽었고 늘 새로운 교육들도 꾸준히 배우러 다녔습니다. 현명한 엄마가 되게 해달라고, 지혜로운 부모가 되게 해달라고 매일같이 기도하며 레이더를 풀로 가동했지요.

그러던 중 만나게 된 것이 바로 '하브루타'였습니다. 유대인의 교육법으로 대한민국에서 주목받기 시작한 그 시점이었지요. '아! 바로 이거야!' 그렇게 발견한 하브루타를 즉각 집에서 실천하기 시작했습니다.

그런데 그게 또 제 맘처럼 되지 않았습니다. 그림책을 읽고 질문을 만들고 이야기를 나누는 과정에서, 저는 17년 동안 했던 선생 기질을 유감없이 발휘했고, 가르치는 짓을 아이에게 저도 모르게 하고 있었던 것이지요. '아! 이게 아닌데…….' 뭔가 잘못되고 있었습니다. 그도 그럴 것이 저는 토종 한국 사람입니다. 게다가 살면서 지금껏 반평생이 넘게 선생을 업으로 살아왔습니다. 사실 중학교 시절부터 주일학교 유치부 교사를 했으니 가르치고 지식을 전달하는 것이 제 삶의 반 이상을 차지했던 거지요. 그러니 의식하고 노력해도 쉽사리 가르치지 않는 정통 하브루타를 실천하기엔 무리가 있었습니다.

하브루타는 이스라엘 민족의 교육법이기에 앞서 그들만의 삶의 방식입니다. 정통 한국인인 제가, 정통 하브루타를 본 적도 해본 적도 없는 제가, 책이나 교육만으로 배운 하브루타를 제 삶속, 그것도 아이와 함께 적용하는 것은 정말이지 어려웠습니다. 새로운 고민이 시작되었습니다. "주님 어떻게 하면 될까요? 제발 좀 도와주세요. 제 자식이기 이전에 주님의 아들 아닙니까? (이럴 때는 더 확실하게 당신의 아들이 되었습니다.)"

그렇게 기도를 하던 중, 우연히 극동방송을 듣다가 〈마마 기도회(마리아처럼 기도하고 마르다처럼 일하자) 기도회〉에 관해 알게 되었고 저는 무작정 혼자 그 기도회를 찾아갔습니다. 지금 생각해 보면 마치 성령의 인도하심이라고나 할까요? 무슨 생각으로 운전을 한 시간이나 해가며, 없는 시간을 쪼개어 다른 교육 일정도 다 바꿔가며 제 발로 기도회에 다 참석했는지 모르겠습니다. 다른 것도 아니고 기도회를 말이죠.

하지만 그 발걸음은 주님의 인도하심이었고, 주님은 저에게 〈마마 기도회〉에서 새로운 깨달음을 주셨습니다. 그 깨달음은 다름 아닌 세세한 기도였습니다. '아! 나는 하나밖에 없는 내 자녀를 위해 세세한 기도를 전혀 하지 않았구나. 그래서 내가 더 불안하고 답답했던 것이었구나.' 운전대를 잡고 기도를 했고, 밥을 먹으면서 기도를 하고, 잠자리에 들면서도 아이에게 기도하자고는 했지만 늘 같은 기도를 주기도문처럼 외우고 있던 저 자신을 그때야 비로소 발견하게 되었지요.

"안전운전하게 해주세요. 저희를 지켜주세요. 밥 잘 먹고 튼튼하게 해주세요. 주님의 뜻대로 살게 해주세요. 오늘 하루도 감사합니다."

늘 이런 식이었으니 말이지요. 물론 그렇게라도 하는 기도가 안 하는 것보단 나았겠지만 분명 충분치는 않았음을 깨닫게 되었습니다.

이 책은 이러한 과정에서 깨달은 저의 기도와 하브루타 교육법이 만나 세상에 나오게 되었습니다. 다 주님의 계획하심이겠지요. 시간이 지나 돌이켜 보니 그때가 아니면 저에게는 아직 아이가 없었을 거란 확신이 듭니다. 여전히 아이를 키우기에 적합한 제가 아니라고 생각하기 때문이지요. 여전히 집은 은행 집이고, 저는 여전히 욱하는 성질을 버리지 못했으며, 여전히 저는 철저하게 미성숙하니까요.

하지만 때가 차매, 그때는 오직 주님만이 아심을 저는 믿습니다. 그래서 이젠 원망도 따지지도 않기로 했습니다. 그래 봤자 제 체력만 바닥남을 경험에서 배웠으니까요. 제가 할 수 있는 건 오직 기도 하나였습니다. 작고 미천한 제가 주님의 뜻을 어떻게 알 수 있을까? 그저 "네, 주님 순종하겠나이다." 말고는 할 수 있는 일이 없었습니다. 버텨봤자 저만 고생이고 원망해 봤자 제 속만 문드러지고, 울어 봤자 달라지는 건 하나도 없더군요. 그래서 이제 남은 건 이것뿐이겠구나 생각했습니다.

'어린아이처럼 기도해야겠구나. 치열하게 기도해야겠구나. 구체적으로 기도해야겠구나.' 제가 아들에게 물려 줄 수 있는 건 아무것도 없으니 말입니다. 부유한 집안이라 빌딩이라도 하나 물려주면 좋겠다 싶지만 그럴 수 있는 형편도 처지도 아니니까요. 우수한 유전자라도 물려주고 싶지만 이미 그럴 수 없음을 학창시절 제 성적표와 거울로 확인을 했으니 안타깝습니다. 그렇습니다. 남은 건 기도뿐입니다. 제가 가진 제일 강력한 줄은 하나님 한 분뿐이니까요. 제가 알고 있는 분 중 가장 위대하신 분, 그분의 연줄을 제가 아들에게 이어줘야겠구나. 그것 역시 기도밖에 없구나. 그렇게 저는 제 욕심과 의지를 접고 인간의 마음을 접고 동시에 무릎을 꿇었습니다. 제가 할 수 있는 건 기도밖에 없음을 부끄럽지만 이제서야 고백합니다.

이 책은 지혜로운 부모가 되기 위해, 예수님의 향기가 나는 아이로 키우기 위한 크리스천 부모님의 마음을 담은 기도문입니다. 부모님 혼자서 기도하는 시간에 읽으시면서 기도해주셔도 좋습니다. 책에 나와 있는 부분을 바탕으로 하되 본인의 가치관과 상황에 맞춰 고쳐 주셔도 좋습니다. 그 기도를 아이 앞에서 해주시고 아이와 함께 기도 하브루타를 할 수도 있습니다.

명령과 훈계로 아이의 복된 하루를 마감하지 않았으면 좋겠습니다. 자녀에게 내가 너를 이렇게 간절한 마음으로 사랑하고 축복하고 기대하고 감사하고 있다는 마음을 말로 기도로 보여주는 기회가 되길 바랍니다. 더불어 기도를 시작으로 자녀와 자연스러운 소통이 시작되길 희망합니다.

이 책의 내용이 정답은 아닙니다. 하지만 '자녀를 잘 키우고 싶다. 나는 자녀에게 기도밖에 물려줄 것이 없다. 내 자녀가 건강한 신앙인으로 성장했으면 좋겠다'고 희망하는 부모가 저 혼자만이 아니라는 걸 알기에, 당신과 함께하자는 마음으로 이 책의 첫 장을 시작합니다. 함께해주시겠습니까?

주님의 넘치는 축복과 사랑이 당신의 가정에 함께하기를 간절히 소망합니다.

신혜영

차례

매일 3분 기도
하브루타
가이드

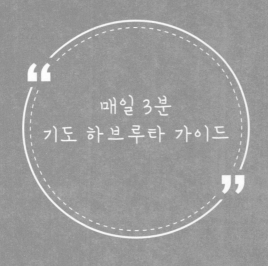

> 매일 3분
> 기도 하브루타 가이드

《내 아이를 위한 매일 3분 기도 하브루타》 가이드

이 책의 활용법을 적어 보았습니다. 모두 5단계가 있습니다. 부모님께서 가정에서 기도 하브루타를 실천하는 데 도움이 되셨으면 좋겠습니다.

1. 여유로운 시간에 책을 폅니다.

하루에 첫 커피를 언제 드세요? 가장 여유로운 시간이 언제인지를 여쭤보는 거예요. 커피나 차 한 잔을 할 수 있는 여유로운 시간에 책을 폅니다. 가정마다 상황과 형편은 다르겠지만 어린 자녀들이 있다면 아이가 쪽잠을 자는 시간이 되겠지요. 아이가 어린이집이나 유치원, 학교에 다닌다면 아이를 보내고 난 뒤가 될 수 있겠네요. 직장에 다니신다면 오전 시간은 어려울 수 있으니 점심 이후에 잠깐 시간을 가져도 좋겠습니다. 이것도 힘들다면 퇴근길 지하철이나 버스 혹은 운전대를 잡기 전 잠깐도 좋습니다. 대신 언제든 일정한 시간을 스마트폰 대신 사랑하는 자녀를 위해 잠시 시간을 내 주세요.

2. 책을 읽습니다.

부모가 기도문을 혼자 읽어 봅니다. 가능하면 소리 내서 읽어 주세요. 아이에게 직접 소리 내서 읽어 줘야 하니까요. 여러 번 읽어서 기도가 자연스럽게 들릴 수 있으면 좋겠습니다. 아이에게 읽어 줄 때 버벅거리거나 실수를 하면 자칫 분위기가 깨질 수 있으니까요. 기도문을 읽을 때 부모의 감정이 실려서 듣는 아이의 감동이 배가될 수 있도록 연습해주세요. 전문 성우나 아나운서가 될 필요는 없지만, 이왕이면 부모의 진심이 느껴지는 적당한 목소리 톤이 좋겠지요. 목소리가 너무 딱딱하면 아이의 마음이 열리는 데 시간이 걸릴지도 몰라요. 너무 부드러우면 장난처럼 느껴져 아이들이 집중하지 못할 수도 있답니다. 아이를 생각해서 부담스럽지는 않되, 당신의 진심이 느껴지도록 읽는 연습을 해주면 좋습니다.

기도문에 나오는 '아이'라는 단어에 자녀의 이름을 넣어 읽어주고 '부모'라는 단어에는 부모 자신의 이름을 넣어 읽어주세요.

3. 책의 내용을 빼거나 더해도 좋습니다.

기도문을 읽으면서 내 아이에게 맞지 않는 부분, 나의 가치관과 생각이 다른 부분이 분명 있을 겁니다. 그렇다면 그 부분은 깔끔하게 지우면 됩니다. 물론 첨가하고 싶은 부분이 있다면 첨가하고요. 혹 아이가 듣기 싫은 내용이 있을 것 같다면 처음부터 빼고 기도를 시작해도 좋습니다. 아이가 자칫 기도를 훈계나 공격으로 받아들일 수도 있기 때문입니다.

4. 질문과 필사, 편지쓰기는 전적으로 당신의 선택입니다.

4-1. 기도 하브루타 질문 시간입니다.(선택)

기도문 뒤에 몇 가지 질문을 적어 놓았습니다. 기도 하브루타는 서로 질문하고 생각하고 이야기를 나누는 시간이니까요. 책에 있는 질문을 읽고 내 생각을 기록해 봅니다. 아이와 함께하기에 좋은 질문을 하나만 골라도 됩니다. 다른 질문이 생각나면 그 질문을 적어도 좋습니다. 내 아이에게 맞는 질문을 구체적으로 해도 좋습니다. 하지만 아이가 기분 나빠하거나 이야기 하고 싶지 않은 질문을 캐묻지 않도록 조심해주세요. 당신은 경찰관도 검사도 아닌 사랑이 넘치는 부모입니다. 아이의 마음이 평온해질 수 있도록 해주세요.

4-2. 필사 타임을 한번 가져 볼까요?(선택)

시간적 여유가 되신다면 필사 타임을 가져보면 좋겠습니다. 매일 하지 않아도 됩니다. 첫날부터 하지 않아도 됩니다. 평안한 마음이 들 때만 해도 되니 부담 갖지 마세요. 기도문을 보고 자신의 마음에 들어오는 부분을 적어 보는 시간을 가져 볼게요. 팔 아프게 손 글씨를 왜 써야 하냐고요? 다 이유가 있겠지요? 그 전에 잠시 필사 방법을 소개하고 싶습니다.

필사는 이렇게 ✏

필사는 베껴 쓰기와는 다릅니다. 학창 시절 빼곡한 칠판을 따라 쓴 것은 필사가 아니라 베껴 쓰기였지요. 필사는 한 단어씩 보고 베껴 쓰는 것이 아니랍니다. 그럼 어떻게 하냐고요?

❶ 맘에 드는 문장을 표시합니다.

우선 기도문을 읽고 내 마음에 드는 문장이 있으면 색깔 펜이나 형광펜 혹은 자신만의 방식으로 표시를 합니다.

❷ 여러 번 읽고 입으로 말해 봅니다.

그리고는 그 문장을 여러 번 읽어 머리에 저장시켜 봅니다. 머릿속에 저장된 문장을 눈으로 보지 않고, 혼자 힘으로 한 호흡에 말로 뱉어 봅니다. 단어가 틀려도 문장 형식이 바뀌어도 토씨가 달라도 아무런 상관이 없습니다. 의미만 맞아떨어지면 된답니다.

❸ 글로 써 봅니다.

이제 입으로 뱉은 문장을 내용을 보지 않고 자신만의 글로 적어 봅니다. 어떠세요? 이 훈련을 하면 기도문을 읽지 않더라도 평소 자연스럽게 자신만의 말로써 편안하게 세세한 기도를 할 수 있습니다. 하지만 필사 타임은 선택이니 너무 무리하지 않으셔도 됩니다.

4-3. 자녀와 나에게 편지 써 봅니다. (선택)

이 또한 필사 타임과 마찬가지! 여유 있을 때 선택적으로 해주십시오. 아이를 키우면서 매일 책을 읽고 필사를 하고 편지글을 적는다는 것이 얼마나 어려운 일인지 잘 알고 있습니다. 몸과 맘에 여유가 있을 때 몰아서 여러 개를 해도 좋습니다. 감사 일기를 써도 됩니다. 기도문을 두 번째 세 번째 아이에게 읽어 줄 때 해도 좋습니다. 먼저 평안하시길 바랍니다.

5. 〈매일 3분 기도 하브루타〉를 해 봅니다.

여유로운 시간에 책을 펴서 소리 내 읽고, 우리 가정에 맞게 만들어진 기도문을 이제 아이에게 읽어 줄 차례입니다. 언제가 제일 좋을까요? 아이가 어리다면 잠자리에 들기 전 책 읽어주는 시간을 활용해 보길 권합니다. 물론 기도 시간은 가정마다 달라질 수 있겠지요. 아이들과 의논하여 편한 시간으로 정하면 됩니다. 하지만 일정한 시간을 정해서 습관이 되도록 하는 게 제일 좋습니다.

기도 하브루타 활용법

하브루타라는 단어가 조금 생소하신가요? 이후에도 하브루타에 관해 간략하게 설명하겠지만 우선 활용하기에 좋은 팁을 먼저 드릴게요.

하브루타는 질문하고 대화하는 유대인의 공부법입니다. 무엇보다 하브루타를 실천하면 아이와 더 자연스러운 대화를 할 수 있습니다. 그 시작은 좋은 질문으로 시작합니다.

각 기도문의 제목부터가 질문으로 되어 있지요? 기도문을 읽기 전 주제와 관련된 질문으로 시작할 수 있습니다. 하지만 각 질문에는 정해진 정답이 없습니다. 부모님이 생각하는 정답이 나오지 않는다고 해서 아이를 가르치거나 아이의 생각을 바꾸려고 하지 마세요.

'아! 내 아이의 생각이 이렇구나' 하고 유연한 마음으로 받아 주세요. 아이들이 처음부터 본인의 생각을 표현하는 것은 쉽지 않습니다. 하지만 인내하는 마음으로 기다려 주세요. 조금씩 대답의 길이와 깊이가 달라질 것입니다.

〈매일 3분 기도 하브루타〉 시간은 설교 시간도 훈계 시간도 도덕 시간도 아닙니다. 아이에게 부담을 주지 마세요. 대화의 시작일 뿐입니다. 아이에게 집중을 요구하지 마세요. 의자에 앉아서 공부하듯 할 필요가 없습니다. 편안하게 침대에 누워서도 소파에 기대어서도 바닥에 엎드려서 해도 좋습니다. 무엇보다 아이 스스로 '아 지금 부모님이 나와 대화를 하고 싶어 하는

구나'라고 느낄 수 있는 편안한 자세와 분위기를 허락해주세요. 낙숫물에 바위 뚫듯 질문을 하고 대화를 이어가면 아이의 생각은 무한하게 성장한다고 믿고 꾸준히 실천해주세요.

자기의 생각을 정리하고 자연스럽게 말을 하는 과정은 쉽지 않지만, 그 시작은 가정이라는 공간에서 아이를 제일 사랑하는 부모님이 누구보다 제일 잘 할 수 있다고 생각합니다. 아이를 존중하는 마음으로 부드러운 언어와 유연한 마음으로 상하 관계가 아니라 평등한 관계에서 시작하시면 됩니다. 강압적인 반말보다는 부드러운 높임말을 써주는 것도 좋습니다.

'아, 네 생각은 그렇구나. 그렇게 생각할 수도 있구나.'라는 말을 꼭 해주시고, 그 마음으로 실천해주십시오.

질문은 이렇게 ❓

❶ 중심이 되는 주제나 단어의 정의에 관해 물어볼 수 있습니다.

❷ 언제, 어디서, 누가, 무엇을, 어떻게, 왜라는 육하원칙을 적용해서 질문을 이어갈 수 있습니다.

❸ 아이가 이야기 한 답에서 꼬리 물기 질문을 만들 수 있습니다.

❹ 아이의 대답은 옳고 그름이 없습니다. 구체적으로 궁금한 사항이 있으면 '왜'라는 질문을 하셔도 좋지만, 처음부터 무리하게 이어가지 않아야 합니다. 아이가 자신의 생각이 틀렸다거나 공격받았다고 생각하지 않게 해주세요.

❺ 질문과 대화를 통해 토론하고 비판적인 사고를 바탕으로 논리적인 사고와 글을 쓸 수 있도록 하는 훈련이라는 점을 유념해주세요.

❻ 아이의 생각만 이야기하길 강요하기보다는 부모님의 생각과 논리를 펼쳐 주면서 평등한 관계에서 평등한 대화를 한다고 생각해주세요.

❼ 대화하고 사고하는 시간과 깊이를 조금씩 늘려 주면 아이가 학교나 사회 속에서도 자연스럽게 자신만의 생각을 펼칠 수 있습니다. 구체적인 이유를 바탕으로 남을 설득할 수 있는 논리적인 아이가 될 수 있습니다. .

처음부터 무리하게 하지 않아도 됩니다. 아이가 받아들일 수 있는 시간과 깊이는 나이와 상관없이 제각각 다릅니다. 아이의 반응과 태도를 관찰하면서 질문의 깊이를 가감하고, 대화하는 시간을 조절해주세요. 제일 중요한 것은 "아, 그럴 수도 있구나"라고 반응하고 공감해주는 유연한 마음입니다. 아이의 마음과 입이 열리기를 참고 기다려줄 수 있는 인내하는 마음입니다. 유연함과 인내심은 아이를 상처 없이 키울 수 있는 최고의 교육방법이 되리라 생각합니다.

아이를 위한
〈매일 3분 기도 하브루타〉 가이드

1. 기도문의 제목을 보고 떠오르는 생각을 자유롭게 이야기할
   수 있답니다. 처음엔 어렵게 느껴질 수도 있지만 조금씩 이야
   기를 하는 연습을 해주세요.

2. 기도문 중에 모르는 단어가 나오면 부모님께 질문해 주세요.

3. 기도문 뒤에 나오는 질문 중, 내 마음에 드는 질문을 선택해
   서 이야기할 수 있어요.

4. 기도문을 읽으면서 느낀 내 생각을 부모님과 함께 이야기해
   보세요.

5. 기도문 후반에 나오는 부모를 위한 기도는 내가(한글을 읽을 수 있고, 읽고 싶다면) 반대로 부모님을 위해 읽어줄 수 있어요.

6. 부모님을 위한 기도를(한글을 쓸 수 있고, 쓰고 싶다면) 써도 좋아요.

7. 부모님께 "감사합니다. 사랑합니다."라고 인사해주세요.

청소년 자녀를 두신 부모님을 위한
〈매일 3분 기도 하브루타〉 가이드

사춘기 아이 때문에 마음이 참 힘드시죠?

요즘 사춘기는 초등학교 3학년부터 시작한다고 합니다. 그러니 '쟤가 아직 중2도 안 됐는데 도대체 왜 그런 거야?' 하며 너무 속상해하지 마세요. 사춘기는 주님의 주신 축복이며, 더 큰 성장을 위한 하나의 과정일 뿐이라고 생각하세요. 사춘기가 청소년기에 오지 않는 아이들은 서른이 넘어서 혹은 결혼을 하고 나서 오는 경우도 있거든요. 그것보다는 지금이 더 좋지 않을까요? 그리고 가끔 "우리 애는 사춘기 없이 지나갔어요" 하는 부모님을 만날 수 있어요. 사실 그럴 수는 없을 겁니다. 그 가정의 비결은 아이는 분명 사춘기 시절을 겪었지만, 부모의 유연한 태도가 아이의 사춘기를 그리 큰 문제로 삼지 않았기 때문일지도 모른답니다. 물론 평소에 대화를 자주하는 가정에서는 그 강도가 조금 낮아질 수도 있지만, 관계가 좋았던 가정도 아이들의 몸속에서 나오는 호르몬을 이겨내기는 쉽지 않답니다. 지금 주님은 당신에게 조금 더 말랑한 마음을 가지라는 훈련을 하시는지도 몰라요. 조금만 더 힘내 주세요.

이럴 때일수록 기도에 동참해주어야겠지요? 아이가 어리다면 베드타임 스토리처럼 자기 전 도란도란 함께 누워서 기도문을 직접 읽어주면 좋을 텐데, 이제는 아이의 머리도 마음도 커져서 그럴 수가 없을 거예요. 그래도 포기하거나 실망하기는 이르답니다. 대부분의 사람은 조금 먼 곳에서 하는 이야기는 잘 알아들을 수 없지만, 자신의 이름만은 잘 들을 수 있지요. 방문을 조금 열어두고 아이를 위해 이름을 불러가며 그냥 기도문을 읽기만 해 보세요.

'아이'라는 단어를 '아이의 이름'으로 바꾸어 읽어주세요. 아이가 혹 싫다고 혹은 시끄럽다고 하지 말라고 하더라도 속마음은 절대 그렇지 않을 것입니다. 관계가 매우 서먹해졌더라도, 극심한 사춘기 상태라 하더라도, 부모가 진심으로 자기를 걱정해주는 시간이 하루 이틀이 아니라 한 달동안 끊임없이 지속하는 것을 듣다 보면 아이는 진심으로 행복해 합니다.

만약 중고등학생이라면 카톡 음성 메시지를 이용해 보세요. 너무 길지 않게(사춘기 아이들은 짧은 것을 좋아합니다.) 기도문을 음성으로 녹음해서 아이에게 보내세요. 녹음하실 때는 부모가 먼저 녹음한 것을 들어보고 기도에 내 감정이 얼마나 섞여 있는지, 혹 아이가 듣기 거북하지 않을지 먼저 듣고 보내 주시는 것을 부탁드립니다. 비난이나 조롱이 섞여 있지 않도록 해주세요. 사춘기 아이들은 예민하므로 자극적이지 않은 톤과 단어를 선택해주세요.

덧붙여 부모님의 욕심을 더 내려놓아야 하는 시점이 지금입니다. 내가 원하는 것과 아이가 원하는 것은 태어날 때부터 달랐습니다. 아이를 있는 그대로 인정해주세요. 그리고 천천히 기도 하브루타를 해주세요. 하지만 중단하지는 마세요. 처음부터 많은 질문과 대화를 하려고 하지 마세요.

아이가 부모의 기도 시간을 싫어한다면 이유가 분명 있을 것입니다. 이유를 모르겠다면 자신의 기도 시간을 조심히 녹음해서 들어 보세요. 기도의 시간이 아니라 잔소리의 시간이었을지도 모릅니다. 잔소리는 옳은 이야기를 기분 나쁘게 전달하는 것이지요. 아무리 옳은 이야기라 해도 정도가 지나치면 그건 관심의 표현이 아니라 폭력이 될 수도 있습니다. 정도의 세기는 부모가 정하는 것이 아니라 내 아이가 정하는 것입니다. 아이에게 무조건 맞춰 주세요. 그렇게 노력해 주신다면 이 또한 지나가지 않을까요?

주일학교 교사들을 위한
〈매일 3분 기도 하브루타〉 가이드

누구보다 주일학교 선생님들을 진심으로 존경합니다. 정말 감사합니다. 수고가 참 많으시지요. 주일날 아침부터 아니 그 전날부터 아이들에게 연락하고 챙겨주고 직접 차량으로 또 여러 수고로 봉사함에 감사합니다. 그뿐만이 아니지요. 절기마다 행사기획부터 준비 마무리까지 몇 분도 안 되는 무대를 위해 얼마나 수고가 많은지요. 거기다가 여름성경학교, 성경캠프, 수련회 등등 얼마나 챙길 일이 많은지요. 휴가도 다 성경학교에 반납하고 열정적으로 섬겨주심에 정말 감사합니다.

세상의 유혹은 어느 때보다 더 강력해지고 아이들 학원 일정에 시험에 주말마다 가족 나들이 등으로 인해, 주일학교 예배에 참석하겠다고 찰떡같이 약속을 해놓고도 막상 주일 오전에 텅 빈 자리를 보면 힘이 쭉 빠지는 일이 다반사지요. 게다가 해 보지 않은 분들은 그 일이 얼마나 고된 일인지 모르기에 칭찬 한마디 격려 한마디 없을 때도 많잖아요. 알아주길 바라는 마음에 주일학교 교사를 하는 건 아니지만 그래도 사람인지라 그 순간이 되면 또 얼마나 섭섭하던지요. 저는 그렇더라고요. 하지만 영혼을 살리는 일을 하는 주일학교 선생님들이 있기에 그래도 대한민국 기독교의 장래가 밝게 빛남을 믿어 의심치 않습니다. 정말 감사드립니다. 그리고 온 힘을 다해 응원합니다.

《내 아이를 위한 매일 3분 기도 하브루타》는 선생님께서 아시는 대로 기도와 하브루타가 만난 책입니다. 당연히 가정에서 매일 기도생활이 이루어지면 무엇보다 좋겠지요. 하지만 선생님들이 주일마다 만나는 영혼들의 가정에서는 감히 상상할 수 없는 일일지도 모릅니다. 그래서 제가 이렇게 가이드를 한번 생각해 보았습니다.

선생님께 자녀가 있어서 주중에 가정에서 아이와 함께 기도문을 읽어 보셨다면, 그중에서 가장 맘에 드는 기도문을 똑같이 아이들에게 읽어주시면 됩니다. 혹 자녀가 없다면 책의 목차를 보고 제일 맘에 와 닿는 부분을 선택해서 아이들에게 읽어주시면 됩니다. 자세한 가이드라인은 앞 페이지 부모 가이드를 참조해서 활동을 선택하면 됩니다. 성경공부 당연히 중요합니다. 성경적 지식을 쌓아가는 과정이 무엇보다 중요하지요.

하지만 주일학교에 오는 아이들이, 믿지 않는 가정에서 출석하는 아이들이 있다면 더더욱 누군가가 자신을 위해 온 맘으로 기도하는 사실을 아이들 앞에서 직접 보여 주세요. 부모에게 사랑받지 못하는 아이들이 생각보다 훨씬 많습니다. 온전한 가족인 것처럼 보여도 그렇지 않은 경우도 많습니다. 부모가 있어도 좋은 영향을 주는 부모가 많지 않습니다. 그러므로 더더욱 주일학교 선생님들의 기도가 필요하다고 생각됩니다.

어린 시절, 누군가 자신을 위해 온 맘을 다해 기도해주던 주일학교 선생님의 기억은 커서도 오래도록 그 영혼을 따뜻하게 만들어 줄 것이며, 혹 주님과 단절되는 경우가 생긴다 해도, 주님께 돌아오게 되는 결정적 기회가 된다고 생각합니다. 주님의 사랑을 꼭 기도로 표현해주세요.

당신의 사랑을 받은 아이들이 건강한 신앙생활을 할 수 있는 든든한 울타리가 되어 주세요. 대한민국 청소년의 사망률 1위는 자살이라고 합니다. 누군가 자신을 위해 기도해주고 그들의 말을 경청하는 어른 한 사람만 있어도 나쁜 선택은 하지 않을 거라고 합니다. 주일학교 선생님들은 분명 그럴 능력이 넘치는 분입니다. 늘 존경하고 감사합니다. 응원합니다. 주님의 축복이 선생님의 삶 속에 차고 넘치기를 기도하겠습니다.

'아이'라고 적혀 있는 부분에는 주일학교 반 이름을 넣어도 되고(아이가 많다면), '부모'라는 단어는 선생님이나 선생님의 성함으로 바꿔 기도해주면 좋겠습니다.

그리고 혹시 이 글을 읽으시는 집사님, 권사님, 장로님! 주일학교 선생님들에게 넘치는 사랑과 축복, 칭찬과 격려의 말씀 많이 부탁드립니다. 지금도 많이 해주고 계신다면 아이들 간식 말고, 선생님들 간식도 많이 사 주세요. 복 받으실 겁니다.

기도가 필요한, 바로 이 순간

저는 누구보다 내 아이가 행복하길 바랍니다.

하지만 좋은 학교에 가고, 좋은 곳에 취직하고, 좋은 집에 살고, 좋은 차를 모는 것만으로 행복을 측정할 수는 없습니다. 그것은 행복을 돈으로 바꿀 수 있다고 믿게 하려는 세상의 전략일 뿐이죠. 저는 다만, 내 아이가 오늘 하루 슬프거나 노여운 일 없이 웃으면서 행복하면 좋겠습니다. 내일이 기다려지고, 학교 가는 것이 즐거우면 좋겠습니다. 오늘 하루가 행복해서 내일도 행복하면 좋겠습니다. 아이가 하고 싶은 일을 하면 좋겠습니다. 돈을 벌기 위해서만 직장에 가는 것이 아니라 가치 있는 삶을 위해 본인의 시간과 에너지를 쓰면 좋겠습니다. 무엇이 자신을 행복하게 하는지 정확하게 아는 아이가 되면 좋겠습니다.

물론 성적도 좋아서 학교생활이 행복하면 좋겠고, 더 많은 사람에게 가치 있는 일을 하는 영향력이 큰 사람이 되면 더없이 좋겠지요. 부모의 욕심이 참 하늘을 찌릅니다. 하지만 무엇보다 중요한 것은 남이 평가하는 행복의 잣대에 내 자녀를 가두지 않겠다는 의지를 이어가겠다는 것입니다. 왜냐면요, 내 자녀는 나의 소유가 아니라 주님의 자녀이기 때문입니다. 내 욕심대로 내 맘대로 키우겠다는 것은 잘못된 생각이란 깨달음을 얻게 되었습니다.

저는 아이를 잘 키우는 방법을 찾기 위해, 무엇보다 행복한 아이로 키우기 위해 도서관에 있는 웬만한 육아 서적은 다 읽었습니다. 전문가 선생님들의 책을 보니 문제행동을 다루거나 아이의 심리를 다루더군요. 다행히 제 아이는 문제행동과 크게 관련이 없어 감사하며 넘겼습니다. 아이를 똑소리나게 잘 키운 어머니들의 책도 읽었습니다. 영어 홈스쿨링을 해서 성공한 어머니, 좋은 대학에 보낸 어머니, 아이를 영재로 키운 어머니들의 책들이었지요. 그런데 제 아이는 영재 유전자도 아직 발견된 적이 없고, 앞으로도 크게 없을 것 같습니다. 조상 대대로 특별한 유전자를 물려줄 위대한 인물도 없기에 넘겼습니다. 게다가 아이를 조기유학 보내거나 비싼 과외를 해줄 수 있는 물질도 에너지도 없습니다. 제가 영어를 가르치는 사람이지만 집에서까지 내 아이에게 온 에너지를 투자하면서 영어에 목매게 하고 싶지 않았습니다. 사실 저는 체력이 없어서 그렇게도 못합니다.

성경을 읽으면서 고난을 극복하고 새 힘을 얻었습니다. 저는 매년 새해를 맞이하면서 성경 일독을 합니다. 그런 후에 성경이 아닌 다른 책들을 읽기 시작하지요. 성경에서 아이를 노엽게 하지 말고 항상 기뻐하라는 말씀을 붙잡았습니다. 그런데 하나님은 자식이 하도 많아서 너무 자식 욕심이 없으신 것 같았습니다. '하나님은 과연 이런 내 마음을 아실까? 자식이 이리도 많으신데 겨우 하나 있는 나랑은 차원이 다르겠지. 거기다 나는 신도 아니잖아.' 하는 마음이 생겼습니다.

그런데도 계속 방법을 찾고 공부를 했습니다. 무엇보다 아이와 마음을 터놓고 대화하고 싶었습니다. 기도 하브루타를 실천하면서 자녀와 대화 가까이에 접근은 할 수 있었지만, 여전히 저는 많이 부족했습니다. 더불어 아이의 인성이 바르게 자라길 바랐습니다. 학교 폭력, 왕따, 청소년 자살 등의 문제는 자아 존중감, 회복 탄력성, 인성과 직접적 연결이 되었으니까요. 교사는 지식을 전달하고 부모는 지혜를 알게 하는 사람이라고 생각했습니다. 인성을 길러주는 그것이야말로 부모가 아이에게 줄 수 있는 최고의 유산이라고 생각했습니다.

학교나 사회에서는 절대 가르쳐줄 수 없는 것이니까요. 지식 가르치기를 포기하고 채찍을 내려놓기로 했습니다. 칭찬과 격려와 축복과 감사만 하기로 마음먹었습니다. 아이는 앞으로 수십 수백, 수천 명의 교사를 만날 테지만 엄마는 나 한 사람뿐일 테니까요. 엄마로서, 엄마의 이름으로만, 아이에게 줄 수 있는 특별한 것을 주고 싶었습니다.

저도 매일 아이를 위해 기도하지 못했습니다. 딱히 뭐라고 할 말이 없었습니다. 칭찬도 격려도 축복도 감사도 그 나물에 그 밥이었습니다. 그래서 기도문을 쓰기 시작했습니다. 구하면 주신다고 하셨습니다. 그래서 세세하게 구하기로 마음먹었습니다. 찾으면 찾아진다고 하셨습니다. 두드리면 열린다고 하셨습니다. 한두 번 두드려서 못 들으실 수 있으니 간절하게 두드리기로 했습니다. 내 아이의 행복을 구하고 미래를 찾고 주님께 맡깁니다. 아버지이신 주님께서 일 하시겠지만 육신의 부모인 나도 노력해야 합니다. 그런데 할 수 있는 게 이것뿐입니다. 주님께 엎드려 기도하는 것! 그것뿐임을 고백합니다.

이 소중한 기도의 시간을 당신과 함께하길 바랍니다. 당신의 자녀가 주님의 선한 일꾼이 되길 소망합니다. 크리스천인 우리가 세상에 더 큰 선한 영향력을 발휘하길 소망합니다. 우리의 자녀들이 세상에서 빛과 소금이 되기를 진심으로 소망합니다. 누구보다 주님의 자녀인 우리는 잘 돼야 합니다. 그 비결은 기도밖에 없습니다. 자녀를 위한 기도를 시작하는 이 순간, 누구보다 당신의 마음이 주님께서 주신 평안함과 기대감으로 가득 차기를 소망합니다.

구하라! 그러면 너희에게 주실 것이요

찾으라 그러면 찾을 것이요

문을 두드리라! 그러면 너희에게 열릴 것이니

구하는 이마다 얻을 것이요

찾는 이가 찾을 것이요

두드리는 이에게 열릴 것이니라

(마태복음 7장 7~8절 말씀)

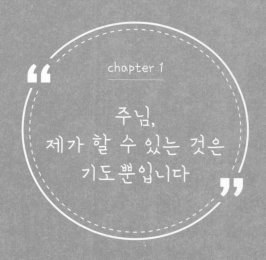

chapter 1

"
주님,
제가 할 수 있는 것은
기도뿐입니다
"

01
인사

인사가 왜 중요할까요?

아이를 위한 기도

인사는 사람과 사람 사이에서 가장 기본이 되는 것입니다.

아무리 얼굴이 잘생기고 예뻐도 인사를 잘 하지 않는다면 진정 멋진 사람이 될 수 없습니다.

대부분의 사람은 인사 잘 하는 사람을 착한 사람 좋은 사람이라고 생각합니다.

인사를 잘 하는 사람은 언제나 칭찬을 듣습니다. 인사를 먼저 하는 사람이 인사를 받는 사람보다 더 큰 사람이 됩니다.

나이가 적든 많든 상관하지 않고 먼저 인사를 하는 사람은 훌륭한 사람입니다.

인사를 잘하는 사람을 싫어하는 사람은 아무도 없습니다.

언어가 달라도 인사는 세계 공통어입니다.

자고 일어나서 공손히 부모에게 와 "안녕히 주무셨습니까?" 인사하는 아름다운 아이 되게 하시며 스스로 세수를 하고 밥을 먹으며 "잘 먹겠습니다." 인사하는 멋진 아이가 되게 해주세요.

밥을 맛있게 먹고 나서 "잘 먹었습니다." 하고 상냥하게 인사하는 상냥한 아이가 되게 해주세요.

양치질 후 가방을 메고 "학교 잘 다녀오겠습니다." 인사하는 씩씩한 아이 되게 해주세요.

학교에서나 교회에서나 밖에서도 늘 명랑한 태도로 인사하는 밝은 아이 되게 해주세요.

선생님께 방긋 웃으며 "안녕하세요"라고 먼저 인사하는 사랑스러운 아이 되게 해주세요.

친구들에게 상냥하게 먼저 웃으며 "안녕?"이라고 인사하는 용기 있는 아이 되게 해주세요.

같은 반이 아니더라도 또래 아이들에게 먼저 다가가서 반겨줄 줄 아는 리더다운 아이 되게 해주시고 다른 반 선생님께도 용기 내어 예의 바르게 인사하는 아이 되게 해주세요.

인사를 할 때 부끄러워하지 않고 당당하게 인사할 수 있는 용기를 주세요. 물건을 사러 갔을 때도 늘 "감사합니다." 인사하는 아이가 되게 해주세요.

식당에 밥을 먹으러 갔을 때도 "감사합니다." 인사하는 아이가 되게 해주세요.

예의를 지키는 아이에게 모든 사람이 사랑과 존중하는 마음으로 예의를 지킨다는 것을 알게 해주세요.

인사를 함으로 아이의 기분이 좋아지고 즐거워지고 행복하게 해주세요.

아이의 인사를 받는 모든 사람은 같은 마음으로 즐겁게 인사를 하게 해주세요.

인사를 하면 세상이 더 밝아진다는 것을 알게 해주세요.

부드러운 음성과 온화한 표정으로 적당한 소리로 때와 장소와 시간에 맞게 인사할 수 있는 능력을 주세요.

부모를 위한 기도

인사가 중요한지 알면서도 먼저 모범이 되지 못한 적이 많습니다. 부모가 아이에게 모범이 되도록 다른 사람들에게 먼저 인사할 수 있는 용기와 여유를 주소서.

매일 아침 눈을 뜬 아이에게 부드럽고 상냥한 목소리와 표정으로 인사하는 부모가 되게 하소서.

아이에게 늘 친절하고 화 내지 않는 부모가 되게 하소서.

아이의 웃음을 지켜줄 수 있는 부모가 되게 하소서.

감사의 인사에 인색하지 않게 하시고 늘 모범이 되는 부모가 되게 하소서.

예수님의 이름으로 기도드립니다. 아멘.

〈기도 하브루타〉 넌 어떻게 생각해?

저는 집에서 이렇게 활용합니다. 제가 하는 질문과 활용법을 보시면 좀 더 이해하시기가 좋으실 것 같아 준비해 보았습니다.

1. 인사란 무엇이라고 생각해요?

🗣 인사를 잘하면 좋다고 하는데 너도 그렇게 생각해?

🙂 네.

🗣 그럼 인사가 뭐지?

🙂 '안녕하세요.' 하는 거요.

🗣 아~ '안녕하세요.' 하는 거 인사 맞지.
　　그거 말고 또 뭐가 있을까?

🙂 '감사합니다.' '안녕히 가세요.' 이것도 있어요.

🗣 아하. 그렇네. 맞다. 그치. 그럼 오늘 누구에게 '감사합니다.' '안녕하세요.'
　　뭐 이렇게 인사를 한 적이 있어?

TIP

❶ 적어놓은 질문에 바로 들어가기보단 천천히 부드럽게 질문에 다다르게 하는 것
　이 좋습니다. 다짜고짜 '인사란 무엇이라고 생각해요?'라고 질문해 버리면 아이
　들은 대답할 수가 없기 때문이지요.

❷ 아이의 대답을 듣고 꼬리 질문으로 다음 질문으로 확장해 나갈 수 있습니다.

2. 인사를 받으면 기분이 어떤가요?

🗣 ○○야~ 오늘 학교에서 선생님이나 친구들한테 안녕하세요. 안녕. 이렇게
　　인사했어요?

🙂 네. 했죠.

다른 사람에게 인사를 받으면 기분이 어때요?

음....... 그냥 그래요.(아이가 이렇게 대답할 때 듣는 나의 표정관리에 힘쓴다.)

아....... 친구들이 너에게 반갑게 인사를 하는데 너는 아무렇지도 않다는 거구나?

아, 그건 아니에요. 기분이 좋아요.

엄마는 너한테 감사하다는 인사를 받으면 너무 기분이 좋은데?

그래요?

그럼~ 엄마는 너한테 매일 그런 인사를 받고 싶은걸. 그럼 아주 힘이 나는 것 같거든.

그럼 제가 매일 해 줄게요.

고마워. 그런데 너는 엄마가 뭐라고 할 때가 제일 좋아?

엄마가 나한테 '사랑해.' 할 때요.

그렇구나. 엄마가 더 자주 '사랑해.'라고 해 주면 좋겠어?

아니요. 지금도 충분한 것 같아요.

알았어. 고마워. 사랑해.

TIP

❸ 다소 느끼하거나 오글거리는 대화로 시도해 봅니다. 어른들은 손발이 오그라든다고 어떻게 저런 이야기 하느냐고 하실 수 있지만 사실 아이들은 그렇게 생각하지 않습니다. 좀 더 부모님께서 용기 내어 속마음을 그대로 표현해 주세요. 아이의 생각을 알려는 질문보다 먼저 부모님의 속마음을 알리는 시간이라고 생각해 주셔도 좋습니다.

❹ 아이의 기분에 관해 자주 물어봅니다.

❺ 질문에 답을 하면 아이의 답에 맞장구를 쳐 주고 다음으로 이어갑니다. 표정관리에 신경을 써 주세요.

3. 인사를 잘 하려면 어떤 마음이 필요할까요?

🗣 아들. 그러면 인사를 잘 하는 사람은 어떤 사람일까?

🙂 우리 반에 영민이가 그래요. 걔는 매일 먼저 인사를 해요.(친구에 관해 계속 혼자 이야기를 합니다.)

🗣 아하 그렇구나. 영민이가 그런 친구였구나. 알려줘서 고마워. 그런데 영민이한테는 어떤 마음이 빛나는 것 같아?

🙂 음……. 영민이는 용기가 있는 것 같아요.

🗣 용기? 어떤 용기?

🙂 친구들이 같이 인사하지 않아도 '괜찮아.' 하는 용기요.

🗣 아하 그렇구나. 용기가 있구나? 그렇지. 인사를 막상 했는데 다른 친구들이 아무 말 안 해 버리면 좀 부끄러울 수도 있겠다. 그치?

🙂 맞아요. 예전에 내가 먼저 인사를 했는데 …….(과거 이야기를 한다.)

🗣 아 그런 일이 있었구나. 속상했겠다. 그런데 오늘 엄마가 읽어준 기도를 들으면서 어떤 생각이 들었어?

🙂 사실 나는 영민이처럼 용기가 많지 않지만 좀 더 용기를 내 봐도 좋을 것 같아요.

🗣 와~~~ 진짜 좋은 생각인데. 너가 용기를 좀 더 낼 수 있게 엄마가 어떻게 도와줄 수 있을까?

🙂 기도해 주세요.

🗣 아주 멋진 생각인걸. 기도할게. 기도는 지금 할까? 아니면 내일 할까?

TIP

❻ 질문하고 아이가 자기 대답을 열심히 하면 정말 더 열심히 반응해 주며 들어줍니다. 이때 스마트폰이나 집안일, 텔레비전, 다른 가족 등 어떤 것에도 집중하거나 신경을 돌리지 않도록 노력해야 한답니다. 100%의 집중력을 가질 수 있는 환경을 만들고 난 뒤 대화를 하려고 시도해 주세요.

❼ 아이의 대답에 칭찬하며 반응해 줍니다. 와! 좋은 생각인데. 아주 훌륭한 생각인걸~

❽ 어떤 일을 하기로 했으면 아이에게 다시 물어 아이가 스스로 결정할 수 있게 합니다.

기도는 지금 할까? 아니면 내일 할까?

아이 스스로 선택하게 하면 책임감과 자발성이 따르기 때문에 더 효과적이랍니다.

4. 인사를 하지 않아도 괜찮을 때가 있을까요?

🗨 그런데 인사는 좋은 거라고 했잖아. 그런데 혹시 인사를 안 해도 괜찮을 때가 있을까?

🗨 잘 모르겠어요.

🗨 음 그러면 이건 어떨까? 학교에서 화장실로 가서 열심히 큰일을 보고 있는데 친구가 너한테 인사를 하는 거야. 그러면 어떨 것 같아?

🗨 그러면 좀 부끄러울 것같아요.

🗨 하하하 그치? 엄마도 그럴 것 같아. 그러니까 그런 경우가 또 없을까?

🗨 잘 모르겠어요.

🗨 그래. 그러면 엄마한테 한번 물어봐 줄래?

🗨 언제 인사를 안 해도 돼요?

🗨 같은 사람을 같은 장소에서 반복적으로 만나게 되는 경우는 안 해도 되지 않을까?

🗨 반복적이 뭐예요?

🗨 아……. 반복적이란 말은 한번이 아니라 여러 번 두 번 세 번 네 번 뭐 이렇게 연속적으로 만난다는 말인 것 같은데. 엄마도 확실히 잘 모르겠는걸. 사전을 한번 찾아볼까?

🗨 네. (휴대전화 사전을 켜고) 〈같은 일을 되풀이함〉이라고 되어있어요.

그럼 반복이란 단어는 언제 쓸 수 있을까?

나는 자기 전 반복적으로 기도한다.

오~ 아주 멋진 표현인데. 잘했어. 그래, 인사를 하는데 반복적으로 만나는 사람들한테는 계속 '안녕하세요.' 하는 것보단 가볍게 묵례만 할 수도 있어.

묵례는 뭐예요?

이렇게 하는 거지.(행동으로 보여준다.)

TIP

❾ 처음에는 예를 들어 아이가 좀 더 쉽게 생각할 수 있도록 이야기를 해 보고 그래도 모르겠다고 이야기하면 답을 알려주기보다는 "그럼 우리 생각을 한번 해 보고 다음에 생각나면 이야기해 볼까."로 넘어가는 것이 더 좋다고 생각합니다. 왜냐하면, 자칫 부모님이 답을 하는 과정에서 일방적인 설교나 훈계가 시작되면 이 대화의 장점은 한순간에 사그라질 수도 있기 때문입니다. 물론 아이가 답을 원할 때는 답을 미루는 것보단 짧고 간단하게 답을 이야기해 주는 것도 좋지만 손쉽고 빨리 얻게 된 답은, 그만큼 손쉽게 더 빨리 잊을 수 있다는 것을 생각해 보면 좋겠습니다.

❿ 단어가 모르는 게 있다면 사이좋게 휴대전화 사전을 이용해 단어를 익혀 나가는 방법도 좋습니다. 무조건 부모가 알려주려고 하는 것보다 함께 답을 찾아 나가는 과정이 더 재미있고 즐겁고 아이들의 반응도 가볍게 좋기 때문입니다. 엄마도 잘 모르겠는데 라는 말은 은근 아이들은 참 좋아한답니다.

난 이런 게 궁금한데?

1. 인사를 잘 하는 사람은 어떤 마음을 가지고 있을까?(용기?)

2. 항상 인사를 잘 하는 것이 옳은 일일까?(범죄에 노출이 되지는 않을까?)

3. 그렇다면 인사를 안 하는 것이 더 좋은 일일까?(그건 아닌 것 같은데……)

4. 나는 인사를 얼마나 잘 하는 사람인가?(중간 정도……)

5. 더 잘하면 좋은일이 생길까?(당연히 생기겠지. 인사를 좀 더 잘해야 겠군……)

✏️ **필사 타임**

인사를 먼저 하는 사람이 더 큰 사람이 됩니다.
언어가 달라도 인사는 세계 공통어입니다.
먼저 예의를 지키는 사람에게 다른 사람들은 예의를 지키고 존중한다는 것을
알게 해 주세요.

 사랑하는 자녀를 위한 나의 기도

주님. 오늘도 감사합니다. 아이가 좀 더 밝은 얼굴로 먼저 인사를 하는 아이가 되
어 사랑하고 사랑받게 해 주세요. 엄마인 제가 먼저 모범을 보여야 하는데 저에
게 그럴 수 있는 용기도 주세요. 머뭇거리지 않게 해 주시고 먼저 인사할 수 있
는 마음을 허락해 주세요. 아이와 함께 있지 않을 때도, 먼저 남에게 인사할 수
있는 여유를 저에게 주세요. 아이에게 친절한 인사를 하는 엄마가 될 수 있게 인
내를 허락하시고 하루하루가 감사가 넘치는 삶이 될 수 있게 도와주세요.

친구 때문에 속상한 적 있어?

아이를 위한 기도

사람은 주변 사람에게 늘 많은 영향을 받습니다.

주위에 좋은 사람이 많으면 그 사람은 좋은 사람이 됩니다.

주위에 나쁜 사람이 많으면 그 사람은 나쁜 사람이 되기가 쉽습니다.

좋은 친구를 사귀려면 내가 먼저 좋은 사람이 되면 됩니다.

내가 좋은 사람이면 주위에 좋은 친구가 많이 생깁니다.

좋은 친구가 많은 아이가 되게 해주세요.

의로운 친구를 사귈 수 있는 의로운 아이가 되게 해주세요.

친구의 아픔을 후벼 파는 나쁜 친구들로부터 멀리하게 하시고 서로에게 도움을 줄 수 있는 좋은 친구들과 뛰어놀고 즐겁게 지낼 수 있게 해주세요.

그들과 선의의 경쟁을 통해 정의로운 아이로 성장할 수 있게 해주세요.

무조건 남을 밟고 일어서야 하는 경쟁은 피할 수 있다면 피하게 하시고 남의 약점을 잡고 넘어뜨리는 좋지 못한 경쟁의 과정은 최소로 겪게 해주세요.

항상 친구에게 친절하고 상냥하고 부드러운 아이 되게 해주세요.

혹여나 거친 친구들을 만나게 되더라도 사랑하는 아이가 상처 받지 않게 하시고 나쁜 점은 본받지 않게 하시고 아이 스스로 잘못된 행동임을 알게 해주세요.

좋은 것과 나쁜 것을 구별하는 힘을 가진 분별력이 강한 아이 되게 하시고 좋은 것은 배우고 나쁜 것을 버릴 줄 아는 결단력 이 있는 아이 되게 해주세요.

험한 말이나 욕, 거친 말들을 쓰지 않게 하시고

좋은 말로 선한 영향력을 끼치는 선한 아이가 되게 해주세요.

어디를 가든지 좋은 사람들을 만나게 해주세요.

많은 사람에게 도움을 받으며 사람들의 소중함을 알게 하시고 더 많은 사람에게 도움을 다시 줄 수 있는 배려심 있는 아이가 되게 해주세요.

오늘 하루가 비록 힘들고 어려울지라도 스스로 일어설 힘을 주 시고 그때마다 주님을 찾는 주님의 자녀가 되게 해주세요.

앞으로 한 걸음 한 걸음 전진해 나갈 수 있는 끈기와

노력을 게을리하지 않는 노력하는 아이 되게 해주세요.

힘든 일이 있다면, 힘들다고 마음을 터놓을 수 있는 친구가 있게 하시고 서로를 위로하고 힘이 되는 벗을 사귈 수 있도록 해주세요.

나쁜 행동을 하는 친구들을 가려낼 수 있는 지혜를 주시고 나쁜 행동을 하면서도 자칫 그것이 우월하고 멋있는 행동이라고 착각하지 않게 해주세요.

설사 호기심에 그런 생각과 행동을 했을지라도 어떠한 위험에 빠지거나 유혹에 넘어가지 않게 하시고 그 길에서 하루빨리 벗어날 수 있는 결단력 있고 지혜로운 아이가 되게 해주세요.

나의 힘듦을 남에게 전가하지 않게 하시고 내 친구의 힘듦을 함께 나눌 수 있는 믿음직한 친구의 역할을 하게 해주세요.

도움을 구하기보다는 도움이 되는 아이가 되게 해주세요.

친구들에게 신뢰가 넘치는 아이가 되게 하시고

굳건한 우정을 보여줄 수 있는 믿음직한 아이가 되게 해주세요.

거짓이나 달콤한 꾀를 내어 사람의 마음을 사지 않게 하시고 진실 되고 정직한 마음과 행동으로 사람의 마음을 얻는 하나님이 기뻐하시는 아이 되게 해주세요.

사람을 구별하되 차별하며 사귀지 않는 부모가 되게 해주세요.

친구의 소중함을 알고 친구를 이용하지 않는 부모가 되게 해주세요.

아이에게 때로는 친구 같은 부모가 될 수 있게 해주세요.

혹여나 부모가 해줄 수 없는 부분이 있더라도 낙심하지 않고 아이를 믿고 기다릴 수 있게 해주세요.

아이의 친구를 믿게 하시고 친구를 의지하는 모습에 기특하다 칭찬할 수 있는 부모가 되게 해주세요.

내 친구를 더 상세히 살필 수 있게 하시고 친구를 시기하거나 질투하는 마음을 없애 주소서.

예수님의 이름으로 기도드립니다. 아멘.

1. 경쟁은 무슨 뜻일까요?

🗣 너는 친구가 있어?

🙂 당연하죠. 친구 없는 사람이 어딨어요?

🗣 정말. 친구가 있다니 다행이다. 친구 없는 사람도 있을걸.

🙂 아. 맞아요. 우리 반에 ○○는 친구가 없어요.

🗣 그래? 그 친구는 왜 친구가 없을까?

🙂 좀 그래요.

🗣 좀 그렇다는 말이 무슨 뜻이야?

🙂 아니 그게……(그 친구의 이야기를 시작한다.)

🗣 (간섭하고 싶고 '그럼 네가 친구가 되어주는 건 어때?'라고 하고 싶지만, 꾹 참는다. 지금은 도덕 시간도 잔소리 시간도 아니라 그냥 아이 마음을 읽어주는 시간이다. 친구가 되어주라는 메시지는 지금이 아니라 좀 더 나중에 아이와 내 마음이 통했을 때 먼저 아이가 자기 이야기를 다 하고 났을 때 해도 늦지 않다. 설교시간도 도덕 시간도 잔소리 시간도 아님을 매번 명심해야 한다.) 아~ 그렇구나. 그럼 너는 어떤 친구랑 뭐하면서 노는 게 제일 좋아?

🙂 나는 민혁이랑 카드 하는 게 좋고요.(자기 이야기를 한다.)

🗣 와 말로만 들어도 재밌겠다. 그럼 너한테는 친구란 같이 노는 사람이야?

🙂 같이 논다고만 친구는 아니죠. 어쩔 수 없이 놀아야 할 때도 있으니까.

🗣 같이 논다고 친구가 아니면 친구는 뭘까?

2. 결단력은 무슨 뜻이며 언제 필요한 것일까요?

🗣 결단력이란 말을 들어 본 적이 있어?

🙂 아니요.

🗣 좀 어려운 말이지? 조금 전에 엄마가 '좋은 것은 배우고 나쁜 것은 버릴 줄 아는 결단력이 있는 아이 되게 해 주세요.'라고 이야기했잖아. 여기서 결단력이란 무슨 뜻인 것 같아?

🙂 음……. 선택한다는 뜻인가? 모르겠어요.

🗣 맞아. 그렇게 생각할 수도 있겠다. 좋은 것은 배우고 나쁜 것은 버릴 줄 아는 선택할 수 있는 아이가 되게 해 주세요. 말 되는데? 그치? 그러면 결단이란 단어랑 비슷한 단어 생각나는 것 있을까? 결로 시작하는데…….

🙂 결……. 심?

아이의 나이에 따라서 힌트를 많이 줄 수도 있고 어려우면 넘어가도 좋습니다. 나이에 따라서 어휘의 난이도를 선택하실 수 있습니다.

3. 친구에게 내가 도움을 준 적이 있다면 한번 이야기해 볼까요?

🗣 친구는 서로 돕는 사람이겠지?

🙂 당연하죠.

🗣 그럼 너는 친구를 도와준 적이 있겠네?

🙂 네.(자기 이야기를 시작한다.)

🗣 아~~ 그런 일이 있었구나. 야~~ 정말 멋진데. 네가 도와줬을 때 친구 기분은 어땠을까?

🙂 좋았겠죠. 도움을 받았으니까.

🗣 그치? 엄마라도 기분이 너무 좋았겠다. 그럼 도움을 준 너의 기분은 어땠어?

🙂 음……. 제 기분요? 나는……. 생각해 보니 기분이 좋았어요.

🗣 도움을 줬는데 기분이 좋았다고? 네가 받은 것도 아닌데?

🌙 도움받는 것보다 주는 게 더 좋은 것 같아요.

🗣 그래? 도움 주는 게 더 좋다고? 왜 그럴까?

4. 좋은 친구는 어떤 친구일까요?

🗣 좋은 게 있으면 나쁜 것도 있겠지?

🌙 그렇죠.

🗣 좋은 음식이 있고 나쁜 음식이 있는 것처럼? 너도 엄마처럼 말해볼래?

🌙 좋은 유튜브가 있고 나쁜 유튜브가 있는 것처럼.

🗣 오~ 잘 하는데. 그럼 친구도 그럴까?

🌙 그럴 거 같아요.

🗣 그럼 좋은 유튜브랑 나쁜 유튜브는 어떤 차이가 있어?

🌙 좋은 유튜브는 머리를 똑똑하게 해 주고 모르는 걸 알게 해주는데 나쁜 유튜브는 내 머리를 바보로 만들고 생각을 안 하게 멍청하게 만들잖아요. 시간도 낭비하는 거죠.

🗣 이야~~ 엄마랑 똑같은 생각인데. 고마워 그렇게 말해줘서. 그런데 친구도 그렇다는 말이지?

🌙 네.(아이의 이야기를 들어본다.)

🗣 네 말이 맞아. 선택은 중요한 거지.

아이의 생각과 내 생각이 맞지 않더라도 우선은 네 말이 맞아. 나도 그렇게 생각해, 라는 태도를 보여주는 것이 옳다. 설사 동의할 수 있는 상태가 아니라면 동의는 하지 않더라도 반대하거나 '네 생각이 틀렸어. 그건 아니야.'라고 직접 반대 의사를 표시하지 않는 것이 좋다. 지금은 도덕 시간 설교시간 잔소리 시간이 아니라 대화를 시작하는 시간이다. 제일 중요한 것은 서로의 생각을 자연스럽게 이야기할 수 있는 소통의 시간일 것이다.

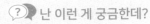 **난 이런 게 궁금한데?**

1. 친구는 꼭 필요할까?(필요하다.)
2. 나에게는 좋은 친구가 있는가?(이름을 써본다.)
3. 왜 이 친구들이 좋은가?(자주 보지 않아도 만나면 즐겁다. 속 이야기를 할 수 있다. 등등)
4. 계속 좋은 관계를 위해서는 무엇을 해야 할까?(좀 더 자주 연락해야겠다.)
5. 좀 더 자주는 얼마나 자주일까?(일, 이주일에 한번 정도는 꼭?)

 필사 타임

힘들 때 마음을 터놓을 수 있는 친구가 있게 하시고, 서로 위로하고 힘이 되는 친구를 사귈 수 있도록 해 주세요. 나쁜 행동을 하는 친구들을 가려내는 지혜를 주시고, 나쁜 행동을 하면서도 멋있는 행동이라고 착각하지 않게 해 주세요. 호기심에 그런 행동을 했을지라도 위험에 빠지거나 유혹에 넘어가지 않게 하시고 그 길에서 하루빨리 벗어날 수 있는 지혜로운 아이가 되게 해 주세요.

 사랑하는 자녀를 위한 나의 기도

주님. 어른도 늘 유혹 앞에 무너집니다. 이 작고 연약한 아이에게 지혜를 주셔서 친구 때문에 슬퍼하거나 고통받지 않게 해 주세요. 아이에게 좋은 영향을 주는 친구를 허락해 주세요. 친구들에게 좋은 영향을 줄 수 있는 멋진 아이가 먼저 되게 해 주세요. 사춘기가 오고 방황을 할 때도 있을 겁니다. 저에게 담대함을 허락해 주시고 아이에게는 무모함에서 멀어지게 해 주세요. 잘못된 결정을 했더라도 부모에게 고백할 수 있는 관계를 허락해 주시고 믿음직한 부모가 될 수 있게 해 주세요. 힘이 되는 친구가 곁에 있게 하시고 먼저 친구들에게 배려하고 격려할 수 있는 마음도 허락해 주세요. 감사드립니다.

03
돈

돈이 세상에서 제일 중요할까?

아이를 위한 기도

돈이 세상에서 제일 중요한 것은 아니지만 돈이 없으면 살아갈 수 없는 세상입니다.

돈이 삶의 목적은 아니지만, 꼭 필요한 수단입니다.

돈이 제일 소중한 것은 아니지만 제일 필요한 순간은 있습니다.

그러므로 돈은 현명하게 관리해야 합니다.

아이가 현명하게 돈 관리를 할 수 있게 해주세요.

돈이 얼마나 소중한 것인지 알게 해주세요.

돈이 얼마나 무서운 것인지도 알게 하셔서

돈을 쓰는 습관을 잘 갖춘 지혜로운 아이가 해주세요.

하지만 세상의 모든 가치를 세상과 돈의 잣대에 맞춰 생각하지 않게 하시고 돈보다 더 가치 있는 것들이 세상에는 많다는 것을 아는 아이 되게 해주세요.

돈으로 살 수 없는 것들도 있다는 것을 알게 하시고

돈이 세상 전부가 아니라는 것도 알게 해주세요.

돈으로 살 수 있는 것들에 관해 생각할 때에는 현명하고 신중하게 쓰게 해주세요.

친구의 환심을 얻으려고 쓸데없는 돈을 쓰지 않게 하시고 친구에게 자랑하려고 돈 자랑하는 어리석은 아이가 되지 않게 해주세요.

허영심을 일으키는 일은 없게 하시고 아끼고 절제할 수 있는 능력을 갖추게 해주세요.

필요한 것과 불필요한 것이 무엇인지 구별하는 능력을 허락하시고 중요한 것과 더 중요한 것이 무엇인지 빠르게 판단할 수 있는 아이 되게 해주세요.

결정을 번복하는 것이 어렵다는 것을 알게 하셔서 처음 결정에 더욱더 신중할 수 있게 해주세요.

아이가 친구와 돈거래로 의가 상하지 않게 하시고

아이가 돈이 너무 없어서 어려움에 부딪치지 않게 해 주세요.

돈이 너무 많아서 진정한 사람을 얻지 못 하는 일이 없게 하시고 돈을 보고 아이와 친하게 지내려는 사람이 없게 해주세요.

남의 부를 보며 부러워만 하는 아이가 되지 않게 하시고 노력으로 부를 축적할 수 있다는 사실을 깨닫는 아이 되게 해주세요.

일확천금을 노리고 도박이나 다른 유혹에 빠지지 않게 하시고 건강한 마음으로 돈을 벌고 경제활동을 하려는 생각하게 해주세요.

금수저, 흙수저 이런 말 때문에 아이의 마음이 상하지 않게 하시고

자기가 가진 것이 얼마이든지 간에 감사하는 마음을 갖게 해주세요.

아이가 가진 것보다 더 많이 가진 사람을 보며 부러움에만 빠져 있지 않게 하시고 나보다 어려운 사람들을 보며 자신이 가진 것에 더 감사할 수 있는 여유를 허락해주세요.

베풀수 있는 넉넉한 환경을 허락하시어 어려운 이웃에게 사랑과 따스함을 베풀 수 있는 아이가 되게 해주세요.

더 많은 부를 얻기 위해 나쁜 유혹에 빠지지 않게 하시고

그것이 잘못된 방법임을 알게 되었다면 빠르게 정상적인 삶으로 돌아가게 해주세요.

무엇보다 돈이 없어서 어려움을 겪지 않게 해주세요.

사고 싶은 것이 있다고 다 사게 하지 마시고

얻고 싶은 것이 있다고 다 얻게 하지는 마소서.

절제의 미덕이 무엇인지 먼저 깨닫는 아이 되게 해주세요.

물질에 빠져 내 가치관을 돈의 잣대로 삼은 적이 있음을 고백합니다.

아이에게 바른 경제 가치관을 심어주는 부모가 되게 해주세요.

혹여나 돈으로 아이를 키우고 있었다면 반성하게 하시고 돈으로 살 수 없는 사랑의 힘을 보여 줄 수 있는 부모 되게 해주세요.

돈의 노예가 되지 않게 하시고 물질만 추구하는 삶에서 벗어날 수 있는 용기 있는 부모가 되게 해주세요.

올바른 돈 관리를 몸소 실천하여 아이가 보고 배울 수 있게 해주세요.

예수님의 이름으로 기도드립니다. 아멘.

넌 어떻게 생각해?

1. 돈이 세상에서 제일 중요한 것이 아니라고 했는데 그럼 세상에서 제일 중요한 건 뭘까? 왜 그렇게 생각해?

2. 돈을 현명하게 관리해야 한다고 했는데 현명하게 관리하는 건 어떻게 하는 것일까?

3. 돈이 많은 사람이 더 행복한 것일까?
   돈이 많은 사람이 자살하거나 알코올 중독에 빠지거나 슬퍼하는 이유는 무엇일까?

4. 절제를 잘 하는 것은 어떤 의미일까?

넌 이성 친구가 있니?

아이를 위한 기도

사랑하는 것은 고귀한 일입니다.

사랑을 주는 것도 사랑을 받는 것도 무엇과도 바꿀 수 없는 행복한 일입니다.

누구보다도 진심으로 행복한 아이가 되게 해주세요.

남을 진정으로 사랑할 수 있는 아이가 되게 해주세요.

하지만 그 사람보다 자기 자신을 더 사랑하는 아이가 되게 해주세요.

희생이 무엇인지 알며 남을 위해 봉사하고 희생하고 사랑하는 방법을 깨닫게 해주세요.

봄날 같은 사랑도 하게 하시고 불꽃같은 연애도 하게 해주세요.

세상에는 서로 사랑하는 사람이 많이 있다는 것을 알게 해주세요.

사랑하고 사랑받는 기쁨이 무엇인지 아는 아이 되게 해주세요.

내가 얼마나 아이를 사랑하는지 아이는 잘 모릅니다.

세상 무엇과도 아무리 귀하고 값진 것이라도 저는 사랑하는 아이와 바꾸지 않습니다.

내가 얼마나 깊이 진심으로 온 마음을 다해 아이를 사랑하는지 아이가 알게 해주세요.

나쁜 사람의 유혹을 사랑이라 착각하지 않게 하시고 외모로 사람을 판단하여 사랑하지 않게 해주세요.

아름다운 내면을 가진 사람을 분별할 힘을 가진 아이가 되게 해주세요.

아이의 아름다움을 남에게 보여 줄 때 효과적인 방법을 찾게 하시고 사랑으로 힘들어하고 쓰러지고 지치더라도

다시 일어서서 사랑으로 치유할 수 있는 아이가 되게 해주세요.

다른 사람에게 사랑의 이름으로 집착하지 않게 하시고

데이트 폭력에 시달리거나 연루되지 않게 하소서.

이별을 고하는 순간이 있더라도 정중하고 바르게 행동할 수 있게 하시고 슬프고 괴로운 마음이 있더라도 딛고 일어설 힘을 허락해주세요.

연인으로 사랑하며 더 멋진 아이로 성장할 수 있는 계기가 되게 하시고 연인을 사랑하는 마음 이상으로 아이 자신을 스스로 사랑할 수 있는 마음을 허락해주세요.

부모보다 더 사랑하는 사람을 부모가 알더라도 노여워하거나 슬퍼하지 않게 하시고 나의 옛일을 돌이켜 보게 해주세요.

아이의 사랑을 존중하는 마음을 허락하시고 질타나 미움으로 아이의 마음을 아프지 않게 해주세요.

무엇보다 사랑을 받고 사랑을 하는 과정이 하루하루 행복하게 하시고 행복에 찬 마음으로 세상을 살아갈 수 있게 해주세요.

아이를 더 사랑하는 부모 되게 하시며 사랑을 표현하기에 서툴지 않게 해주세요.

친절하고 부드러운 눈빛으로 아이를 바라보게 하시고 온유한 말로 사랑을 고백하게 하시고 잔소리나 비난으로 아이를 상처 주지 않는 부모 되게 해주세요.

사랑한다는 이유로 아이에게 집착하지 않게 하시고 아이를 사랑하는 만큼 나 자신을 사랑하는 부모가 되게 해주세요.

이웃을 내 몸처럼 사랑하게 하시고 무엇보다 주님을 사랑하는 저희가 되게 하소서.

예수님의 이름으로 기도드립니다. 아멘.

넌 어떻게 생각해?

1. 넌 어떨 때 사랑받는다고 느껴?
2. 부모가 어떻게 해주면 더 좋을까?
3. 사랑을 표현하는 방법은 어떤 것이 있을까?
4. 남에게 사랑을 받으려면 어떻게 해야 할까?

05
인내

남보다 빠른 것이 늘 좋은 것일까?

아이를 위한 기도

사람들은 '빨리빨리'에 적응되어 있습니다.

빠른 자동차와 빠른 인터넷이 좋다고 생각합니다.

하지만 빠른 것이 항상 좋은 것만은 아닙니다.

느리게 사는 것이 몸과 마음을 건강하게 해 줄 때도 많습니다.

기다릴 수 있는 마음을 가지는 침착한 아이가 되게 해주세요.

차례를 기다리는 인내의 마음을 가지게 해주세요.

항상 남보다 빨라야 한다는 생각에서 벗어나게 하시며

천천히 오래 갈 수 있는 꿈을 꾸고 노력하는 아이가 되게 해주세요.

내가 먼저가 아니라 부모님 먼저, 어른 먼저의 마음을 가지는 아이가 되게 해주세요.

내가 먼저가 아니라 친구가 먼저, 약한 사람 먼저의 마음을 가지는 아이가 되게 해주세요.

여유가 있을 때는 여유가 없는 사람에게 양보할 수 있는 마음도 가지게 해주세요.

당연한 것이 항상 당연한 일이 아닐 수 있다는 것을 알게 해주세요.

내가 인내함으로 얻게 되는 달콤한 것들에 대해 알게 해주세요.

인내하는 과정에서 지혜를 얻게 하시고

양보하는 과정에서 우정을 얻게 하시고

남에게 베푸는 과정에서 베풂을 받는 아이가 되게 해주세요.

세상은 혼자 살아가는 것이 아님을 알게 하시고

기다림이 때로는 제일 쉬운 일이라는 것도 깨닫는 아이가 되게 해주세요.

빠른 것이 항상 최고라고 생각하지 않게 해주세요.

귀하고 소중한 것일수록 내 손에 들어오는 것이 어려운 것임을 알게 하시고

인내하여 얻게 된 것일수록 더 소중하게 쓰인다는 것도 아는 아이가 되게 해주세요.

기다리는 것에 익숙하지 않아 쉽게 짜증을 내지 않게 하시고 불평이 생기더라도 스스로 참을 수 있는 마음을 가진 아이가 되게 해주세요.

항상 여유로운 마음으로 살아가게 하시며 평온한 아이가 되게

해주세요.

일이 잘 풀리지 않더라도 쉽게 낙담하거나 지치지 않게 하시고 새 힘을 주시고 새 뜻을 주셔서 인내하는 데 어려움이 없게 해주세요.

부모를 위한 기도

천천히 움직이는 아이를 기다릴 수 있는 부모가 되게 하시고 내 맘과 같지 않은 아이에게 채찍질하지 않는 부모가 되게 해주세요. 불안한 마음으로 아이에게 상처 주는 말과 행동을 하지 않게 해주세요.

무식하게 참기만 하며 인내하는 부모가 되는 것이 아니라 현명한 방법으로 인내를 실천할 수 있는 지혜를 허락해주세요.

남의 자식 보듯이 내 자식을 볼 수 있게 하시고 진정한 인내가 무엇인지 아이가 나를 통해 배우게 해주세요.

불안해서 '빨리'를 외칠 때마다 스스로 브레이크를 걸게 하시고 그 과정에서 부모가 먼저 지치지 않게 해주세요.

결과를 기다리며 인내하기보다 과정을 즐길 줄 아는 부모가 되게 하시며 기다려야 할 때 힘들게 초조하게 기다리기보다는 불안한 정신을 다른 곳으로 돌릴 수 있는 여유로움도 허락하여 주소서. 저에게 주님의 평온함을 주소서.

예수님의 이름으로 기도드립니다. 아멘.

넌 어떻게 생각해?

1. 빠른 것이 좋은 것은 무엇일까?
2. 느린 것이 좋을 때는 언제일까?
3. 부모가 아이를 기다리지 못해 섭섭하거나 슬픈 적이 있었니?
4. 기다리며 얻게 된 것 중에 기억에 남는 것이 있니?

예수님은 일흔 번씩 일곱 번
이걸 하라고 하셨는데 그건 뭘까?

아이를 위한 기도

용서는 아무나 할 수 있는 것이 아닙니다.

용서를 할 수 있는 사람은 진정 강한 사람입니다.

마음의 부자입니다.

나에게 잘못한 사람에게 할 수 있는 최고의 베풂이 용서입니다.

아름다운 삶, 행복한 삶을 위해서는 용서가 꼭 필요한 것이었음을 깨달을 수 있게 해주세요.

나에게 직접 해를 끼친 사람이든지 간접적으로 나쁜 영향을 미친 사람이든지 구별하지 않고 진심으로 용서할 수 있는 아이 되게 해주세요.

아이에게 나쁜 짓을 한 사람이 있다면 아이에게 용서받아야 할 사람이 있다면 평생 그 사람을 미워하며 아이가 힘들어하지 않게 하시고 괴로운 시절을 회상하며 슬퍼하지 않게 해주세요.
용서할 수 있는 건강하고 용기 있는 아이가 되게 해주세요.
용서를 통해 밝은 관계를 회복하게 하시고 회복이 필요하지 않
더라도 밝은 미래를 위해 용서할 수 있는 용기를 주세요.
스스로 잘못한 일이 있더라도 자기가 자신을 용서할 수 있는 유
연한 마음도 허락해주세요.
유독 자기 자신에게 더 가혹하게 구는 아이가 되지 않게 하시고
자신을 사랑하는 방법이 채찍질이라고 생각하지 않게 해주세요.
누구나 실수를 할 수 있는 것이라 편안하게 생각하게 하시고 어
떤 일이라도 용서할 수 있고 용서받을 수 있다고 생각하게 해주
세요.
너무 큰일이라서 아이 스스로 용서할 수 없는 일이 생겼다면 시
간이 흐르면서 좋지 못한 기억도 희미하게 해주시고 그 일을 잊
을 수 있는 능력을 주셔서 다시 행복한 시간을 가질 수 있는 아
이가 되게 해주세요.
스스로 용서할 수 없어서 잘못된 선택이나 판단을 하지 않게 하
시고 남을 용서할 수 없어서 옳지 못한 일로 또 다른 실수를 하
지 않게 해주세요.
아이가 남에게 용서받아야 할 일을 했더라도 진심으로 용서를
구할 수 있는 용기를 주소서.

부모를 위한 기도

아이를 용서할 수 있는 부모가 되게 해주세요.

나 자신을 스스로 용서할 수 있는 부모가 되게 해주세요.

나에게 잘못한 사람을 용서할 수 있는 부모가 되게 해주세요.

아이를 키우면서 아이에게 잘못한 많은 일에 대해 스스로 깨우치게 하시고

다시는 그런 일이 일어나지 않게 해주세요.

아이와 나의 관계 속에서 내가 아이에게 용서받아야 할 일임에도 기억이 나지 않는 일이 있거든 아이의 기억에서 그 일을 지워주시거나 아이가 용기를 내어 그 일을 이야기하면 진심으로 아이에게 용서를 구할 수 있는 용기 있는 부모가 되게 해주세요.

나의 어리석음으로 아이가 상처받지 않게 하시고

나의 어리석음을 배우는 것이 아니라 용서 구하는 나의 용기를 배울 수 있게 해주세요.

용서를 실천함으로 세상은 더 살기 좋은 곳이 된다는 사실을 아이에게 가르칠 수 있는 부모가 되게 해주세요.

세상에서 제일 어려운 것을 한다는 것은 세상에서 제일 멋진 사람이 된다는 것을 가르칠 수 있는 부모가 되게 해주세요. 일흔 번씩 일곱 번 하라고 했던 주님의 가르침을 마음속에 품고 오늘도 용서하는 부모가 되게 해주세요.

예수님의 이름으로 기도드립니다. 아멘.

 **넌 어떻게 생각해?**

1. 용서는 언제 하는 것일까?
2. 부모가 너에게 용서받아야 할 일이 있으면 이야기해 줄래?
3. 네가 부모에게 용서받아야 할 일이 있다면 이야기해 줄래?
4. 왜 용서하는 것이 세상에서 제일 어려운 일이라고 했을까?

건강하고 튼튼해지려면 무엇이 필요할까?

아이를 위한 기도

몸이 깨끗한 아이는 얼굴에서 빛이 납니다.

마음이 깨끗한 아이는 눈에서 빛이 납니다.

몸과 마음이 깨끗한 아이는 모두가 사랑합니다.

스스로 씻기에 힘쓰는 아이가 되게 해주세요.

자기 전에 양치하는 것 때문에 부모와 입씨름을 하지 않게 해주세요.

양치하지 않으면 입에서 냄새나는 아이와 아무도 놀지 않을까 이가 썩어 아프지나 않을까 하고 걱정이 되기 때문입니다.

일어나서 세수하는 것이 기쁜 일이라고 생각하게 해주세요.

깨끗한 옷을 챙겨 입고 깨끗한 얼굴로 집을 나서는 것이 예의라고 알게 해주세요.

깨끗한 몸에서 바른 정신이 나오는 것을 체험하게 해주세요.

샤워하는 것에 게으르지 않은 아이 되게 해주세요.

친구들에게 더럽다는 이유로 따돌림 받지 않게 해주세요.

몸을 망치게 하는 음식들을 이겨내는 의지도 다지게 해주세요.

폭식이나 몸에 해로운 음식들을 많이 먹어서 비만하지 않게 하시고

건강하고 튼튼한 아이 되게 해주세요.

마음이 깨끗하지 못한 아이들도 많이 있습니다.

마음속에 시기와 질투가 가득해 얼굴에 드러나는 아이들도 많습니다.

부모를 미워하고 원망하는 아이들도 넘쳐납니다.

가슴에 화가 가득 차 폭력을 일삼고 매일 욕하는 아이들도 많습니다.

아이의 마음속에 시기와 질투 대신 온화함과 평온함을 주시고

부모를 미워하는 마음 대신에 부모를 존경하고 사랑하는 마음을 허락하시고

가슴에 넘치는 화 대신 넘치는 기쁨과 감사의 마음이 가득 차게 해주세요.

부모를 위한 기도

아이를 화나게 한 적이 있습니다.

아이의 잘못이 아님에도 내 몸과 마음이 피곤해서 나도 모르게

화를 낸 적도 많습니다.

아이에게 화를 키우는 부모가 되지 않게 하시고 존경받을 수 있는 부모가 되게 해주세요.

부모로서 아이의 청결에 신경을 쓸 수 있게 해주세요.

아이의 머리카락이 얼굴이 손발이 손톱 발톱이 깨끗하고 단정한지 확인할 수 있는 여유를 부모에게 허락해주세요.

아이의 깨끗한 몸에만 집중하지 않게 하시고

아이의 깨끗한 마음에도 소홀하지 않은 부모 되게 해주세요.

부모인 나 먼저 깨끗한 마음을 가질 수 있게 하셔서 아이가 배울 수 있게 해주세요.

어둡고 불안한 마음이 생기지 않게 항상 밝고 감사하는 마음을 가지는 부모 되게 해주세요.

아이에게도 항상 친절하고 상냥하게 행동하고 상처를 주지 않는 부모 되게 해주세요.

아이에게 건강한 음식을 먹일 수 있게 지혜를 주시고 좋은 식습관을 허락해주세요.

패스트푸드를 줄일 수 있는 결단력을 주소서.

자연 이치에 맞는 바른 먹거리를 주어 아이가 더 건강한 몸이 되게 해주세요.

바른 먹거리를 주어 아이가 더 건강한 마음이 되게 해주세요.

항상 내 몸과 마음도 건강하게 지킬 수 있는 의지와 노력을 주소서.

아이를 키우기에 부족하지 않은 체력을 주소서.

예수님의 이름으로 기도드립니다. 아멘.

 넌 어떻게 생각해?

1. 몸과 마음이 깨끗하지 않은 사람을 보면 어떤 생각이 들어?
2. 부모님의 몸과 마음이 힘들어 보인 적이 있니? 그게 언제일까? 그걸 보니까 너는 기분이 어땠어?
3. 마음이 깨끗해지려면 어떻게 해야 할까?
4. 패스트 푸드를 많이 먹으면 어떻게 될까?

〈하브루타〉 하브루타와 유대인

하브루타라는 명칭이 좀 생소하시죠? 그래도 예전보다는 하브루타와 관련된 프로그램, 수업, 책등이 많이 나와 있어서 한두 번쯤 들어보신 분들도 많을 거예요. 하브루타는 전 세계를 움직이고 있는 유대인의 교육법을 의미합니다.

유대인은 어떤 사람들일까요? 성경에서 보듯 유대 민족의 역사는 아브라함에서 시작됩니다. 아브라함이 이삭을 낳고, 이삭은 야곱을 낳고 성경 구절에서 많이들 보셨지요? 야곱의 12명의 자식은 가난과 기근을 피해 애굽(지금의 이집트)으로 갔으나 애굽 사람들의 노예가 되었지요. 모세의 인도로 애굽에서 탈출하여 가나안 땅으로 돌아오게 됩니다. 이후 사울과 다윗과 솔로몬 왕 시대를 거치면서 유대인들은 전성기를 맞이하지만 남이스라엘과 북이스라엘로 갈라지게 되고 북이스라엘은 멸망하게 되었지요. 반면 남 유다 왕국 사람들은 전 국민이 바빌론에 포로로 잡혀가게 됩니다. 이때 포로가 된 남쪽 유다 백성들은 그들의 종교와 관습을 지키고 계율을 유지하며 공동체를 이루게 되는데요. 이 사람들을 유대인이라고 부르기 시작했습니다. 물론 유대인들은 개신교와는 다릅니다. 유대인들은 모세가 여호와께 받은 5가지 율법인 토라 즉 모세 5경만 성경이라고 믿기 때문입니다. 아시다시피 성경 속에서 이스라엘 민족은 수많은 박해를 받으며 살아왔습니다. 그럼에도 불구하고 유대민족은 살아남았습니다. 예루살렘 성전이 파괴되자 유대인들은 고향을 떠나 이방인의 삶을 살아야 했습니다. 살 곳을 찾아 여러 나라를 떠도는 동안 다른 민족으로부터 심한 박해를 받습니다. 하지만 세계 곳곳에 흩어져 2000년 동안이나 디아스포라의 삶을 살아가죠.

이제 유대인이 누군지는 아셨을 것 같네요. 그런 유대인에게 기도 하브루타는 무엇이었을까요? 유대인은 안식일을 철저히 지키는 국민입니다. 금요일 저녁부터 토요일 저녁까지는 온 가족이 둘러앉아 안식일을 지키는데요. 일이라고 생각되는 어떤 일도 하지 않습니다. 집안일도 요리도 청소도 여행도 약속도 다 일에 속하기 때문에 철저하게 하지 않아요. 안식일을 지키기 전에 다 끝을 낸답니다. 그러면 매주 안식일에 유대인들은 무엇을 할까요? 바로 기도 하브루타입니다. 편하게 이야기하면 대화라고도 할 수 있어요.

우리나라에 기도 하브루타를 펼치신 전성수 교수님은 하브루타를 '짝을 지어 질문하고 대화하고 토론하고 논쟁하는 것'이라고 의미를 설명해주셨는데요. 대화의 기본에서 시작해서 온종일 이야기하는 것 말고는 할 수 있는 일이 없다 보니 자연스레 대화가 시작되어 토론과 논쟁이 될 수밖에 없었겠지요. 이런 역사적 배경을 알면 왜 유대인에게 기도 하브루타가 그 민족을 대변해주는 말인지 더 잘 이해가 되겠지요?

그렇다면 왜 우리는 유대인도 아니고 더구나 안식일을 유대교의 방식으로 지키는 것도 아니면서 기도 하브루타를 가정에서 해야 하는지, 다음 장에서 함께 살펴볼게요.

chapter 2

말 로
다 표현할 수 없는
부모님의 사랑

요즘 제일 즐거운 일은 뭐야?

아이를 위한 기도

하루하루를 살면서 목표가 없이 살아가는 사람들이 참 많습니다. 무엇을 이루어야 할지, 무엇이 되고 싶은지도, 아무런 생각도 없이, 꿈도 없이 살아갑니다.

그래서 발걸음에도 어깨에도 목소리에도 힘이 없습니다.

목표는 희망입니다. 하지만 너무 큰 목표는 짐이 될 수도 있습니다. 적당한 목표를 세우고 하나씩 계속 성공해 나가면 성공의 힘이 생겨서 더 큰 목표를 세우고 이룰 수 있습니다.

그럴 때 우리는 즐거운 미소를 머금고 어깨가 올라갑니다. 행복해집니다.

아이가 이룰 수 있는 것이 무엇인지 알게 하시고 이룰 수 있는 것보다 조금 높은 것을 목표로 삼게 해주세요.

아이에게 즐거움이 되는 목표를 세우게 하시고 과정이 힘들지라도 꿈을 꿀 수 있는, 주님이 사랑하시고 기뻐하는 아이 되게 해주세요.

결과만 놓고 기뻐하거나 슬퍼하지 않게 하시고 목표를 위해 노력하는 과정에서 얻는 성장의 기쁨을 경험하는 노력하는 아이되게 해주세요.

노력하는 사람의 수고와 땀방울에 감탄할 수 있는 아이가 되게 해주세요.

오늘보다 내일이 더 나은 아이가 되게 해주세요.

목표를 향해 내딛는 발걸음 발걸음에 사람들의 격려가 이어지게 하시고 자신을 스스로 인정하며 자존감이 높아지게 해주세요.

성공의 경험으로 더 큰 목표를 세울 수 있게 하시고

목표를 이루지 못하였더라도 좌절하지 아니하고 새로운 목표를 세울 힘을 주소서.

과정에서 마음이 급해 서두르지 않게 하시고 차근차근 올라갈 수 있는 끈기를 허락해주세요.

쉽게 포기하지 않게 하시고 쉽게 지치지 않는 아이 되게 해주세요.

어려운 시련이 닥치더라도 유연한 사고와 대처능력을 갖추게 하시고 불가능을 가능으로 바꿀 수 있는 기적 같은 주님의 도움도 때로는 주소서.

아이 옆에 함께하는 친구들이 있어 외롭지 않게 하시고

언제나 도움이 되는 사람들이 있어 지치지 않게 해주세요.
보고 배울 수 있는 의지가 되는 사람들을 얻게 해주세요.

부모를 위한 기도

결과만 칭찬하는 부모가 아니라 과정을 칭찬하는 부모가 되게
해주세요.
채찍질하는 부모가 아니라 현명하게 당근도 사용할 수 있는 부
모가 되게 해주세요.
아이를 몰아붙이지 않게 하시고 절벽이나 벼랑에서 밀어내는
독한 부모가 되지 않게 해주세요.
설령 그것이 아이에게 도움이 된다고 믿을지라도 아이와 의논
할 수 있게 해주세요.
독단적인 결정을 내리지 않게 하시고 아이의 의견을 무시하지
않는 부모 되게 해주세요.
아이의 말을 경청할 수 있게 하시고
아이가 말을 못 하는 부분에서도 아이의 속마음을 빨리 알아차
릴 수 있는 재치와 현명함을 주소서.
부모의 욕심을 아이에게 전파시키지 않게 하시고
부모의 예전 목표를 아이에게 물려주지 않게 해주세요.
아이와 부모는 별개의 인격체임을 부모 스스로 인정하게 해주
세요.

부모 자신의 꿈에 관해 생각하게 하셔서 더 큰 꿈을 품는 사람이 되게 해주세요.

하고 싶었던 일 이루고 싶었던 일에 관해 집중하게 하시고 노력하게 해주세요.

항상 배우는 자세를 가지게 하시고 공손하고 겸손한 마음 갖게 해주세요.

새로운 것을 배우면서 하루하루가 더 윤택하고 행복하게 해주세요.

무엇보다 이 자녀가 나의 소유물이 아님을 고백하고 주님의 자녀로 성장해 나가는 데 뜻을 두고 노력하는 부모 되게 하소서.

예수님의 이름으로 기도드립니다. 아멘.

넌 어떻게 생각해?

1. 꿈이 없는 사람과 꿈이 있는 사람의 차이는 무엇일까?
2. 오늘보다 내일 더 나아지려면 어떻게 해야 할까?
3. 부모가 불가능한 목표를 (네가 생각하기에) 너에게 준 적 있니?
4. 새로운 것을 배우면 더 행복해 질 수 있을까?

거짓말을 하는 사람들을 보면 기분이 어때?

아이를 위한 기도

거짓된 방법으로 돈을 쉽게 버는 사람이 있습니다.

하지만 그 사람은 결코 행복할 수 없습니다.

다른 사람이 볼 때만 행복한 척합니다.

잘못된 방법으로 결과를 만들었다는 것을 다른 사람은 몰라도 스스로는 알기 때문입니다.

행복해지려면 먼저 자신에게 정직하고 다음으로 남에게 정직해야 합니다.

자신에게 정직해지려면 자신이 무엇을 좋아하는지 싫어하는지 내 마음이 행복한지 슬픈지 불편한지 살펴볼 수 있어야 합니다.

예민하고 면밀하게 자신을 살펴볼 수 있는 아이게 되게 해주세요.

정직한 것은 어리석은 것도 아니며 바보 같은 것은 더더욱 아닙니다.

거짓말을 하고 싶은 상황이 생기더라도 거짓말을 하지 않는 아이가 되게 해주세요.

세상이 거칠고 유혹에 손길이 있더라도 정직한 아이가 되게 해주세요.

'이번 한 번'이라는 생각에 진실을 외면하지 않게 해주세요.

진실하고 정직한 사람이 주변에 넘치게 하시며 선한 영향력의 중심에 서게 해주세요.

사소한 거짓말로 더 큰 거짓말을 하지 않는 아이 되게 해주세요.

부모를 속이거나 친구들에게 거짓을 말하거나 선생님에게 오해를 사지 않게 해주세요.

항상 앞과 뒤가 다르지 않게 하시고

서 있는 곳에 따라 진실이 달라지는 아이가 되지 않게 해주세요.

사람의 마음을 끌기 위해 거짓을 말하지 않게 해주세요.

자신의 이익을 위해 거짓과 흥정하지 않게 해주세요.

작은 거짓을 덮기 위해선 더 큰 거짓이 필요하다는 사실을 깨닫게 해주세요.

거짓과 속임수에 아이의 맘이 흔들리지 않게 하시고 더러운 이야기가 넘치는 곳, 욕하는 사람들이 많은 곳은 발길을 끊게 해주세요.

아이가 진실을 이야기할 때 눈에서는 밝은 빛이 나오게 하시고 향기로운 말이 입으로 나오게 해주세요.

때로는 진실이 정답이 아닐 수가 있습니다.

침묵이 정답일 때가 있다는 것도 알게 해주세요.

진실을 말함으로 위험에 처하지 않게 하시고 아이를 지켜주소서.

진실과 예의 없음을 구별할 수 있는 지혜로운 아이가 되게 해주세요.

정해진 법을 잘 지키는 아이가 되게 하시고 남과 더불어 살아가기 위해서는 질서가 꼭 필요하다는 것도 알게 해주세요.

부모를 위한 기도

아이에게 항상 진실한 부모가 되게 해주세요.

아이에게 언제나 진실 된 마음으로 대할 수 있는 부모 되게 해주세요.

아이에게 거짓을 주장하지 않게 하시고 거짓말 시키는 부모가 되지 않게 해주세요.

거짓말을 하는 부모의 모습을 보이지 않게 해주세요.

부모의 감정에 솔직하게 하시되, 아이의 입장도 고려하는 부모가 되게 해주세요.

사소한 거짓이라도 반복되지 않는 모범이 되는 부모가 되게 해주세요.

친구 사이에도 진실한 사람이 되게 하시며 거짓을 일삼는 사람과는 멀리하게 해주세요.

나 자신의 감정의 흐름을 놓치지 않고 정면으로 정직하게 바라볼 수 있는 부모 되게 해주세요.

예수님의 이름으로 기도드립니다. 아멘.

💬 넌 어떻게 생각해?

1. 자신에게 정직하다는 말은 무슨 뜻일까요?
2. 사소한 거짓말은 더 큰 거짓말을 만들어 낸다는 것은 어떨 때 쓸 수 있는 말일까요?
3. 친구의 머리에서 냄새가 난다면, "네 머리에서 냄새가 나."라고 이야기하는 것이 좋을까? 아니면 아무 말 하지 않는 것이 좋을까? 네 선택은 뭐야?
4. 감정을 정직하게 바라보려면 어떻게 해야 할까?

'그럴 수도 있겠다'라는 이야기를 들으면
기분이 어떨까?

아이를 위한 기도

세상에는 많은 사람이 함께 살아갑니다.

다양한 사람들이 있습니다.

피부색이 다르고 생김새가 다릅니다.

서로의 생각도 다르고 환경도 다르고 꿈도 다릅니다.

아이가 그 다름을 자연스럽게 알게 해주세요.

잘못된 문화 교육으로 인해 자칫 하얀 피부가 우월하다고 생각하지 않게 하시고, 까만 피부가 빈곤한 사람이라는 착각을 하지 않게 해주세요.

어떠한 일에서라도 선입견을 품지 않는 아이 되게 해주세요.

올바른 성문화를 알게 하시고, 소수를 인정하는 문화의 현상이 아니라 중심을 바라볼 수 있게 해주세요.

소수성예자를 미워하거나 혐오하지는 않게 하소서 하지만 소수성예자가 되게는 하지 마소서.

너와 내 생각이 다른 것이 당연함을 알게 해주세요.

의견이 맞지 않는 사람과 함께 같은 일을 해 나갈 때도 대화로서, 평화로운 방법으로 문제를 해결할 수 있게 하시고, 이해하고 배려하고 존중할 수 있는 처지를 가진 아이가 되게 해주세요.

다른 생각을 포용할 힘을 주시고 고난을 웃어넘길 수 있는 배짱도 가진 아이 되게 해주세요.

혹여나 아이의 다름 때문에 놀림 받거나 우스꽝스러운 일이 일어나지 않게 하시고, 설령 그렇다 할지언정 아이에게 강한 마음을 주셔서 단점을 강점으로 만들 수 있게 하시고 그 상황에 힘이 되는 친구를 만나게 해주세요.

다양한 사람을 만나면서, 자기와 같은 생각을 하는 사람들만 있는 것이 아님을 알게 하시고, 풍요로운 생각을 할 수 있는 다양한 경험을 할 수 있는 아이가 되게 해주세요.

새롭고 다양한 경험 앞에서 두려워하거나 우쭐대지 않게 하시고, 용기를 내어 그 경험을 즐길 줄 아는 아이가 되게 해주세요. 시련이 있을지언정 시련이 곧 기회라고 받아들일 수 있는 긍정적인 아이가 되게 해주세요.

색다른 것이 항상 좋다고 생각하여, 청개구리 같은 행동은 하지 않게 하시고, 소신 있는 다름, 이유 있는 다름에 앞장서게 해주

세요.

그래서 세상이 좀 더 다양해지고 재미있는 곳으로 만들 수 있는 창의적인 아이가 되게 해주세요.

부모를 위한 기도

부모와 아이의 생각이 다르더라도 인정할 수 있는 부모 되게 해주세요.

'그럴 수도 있겠구나' 하고 아이에게 다름을 인정하는 실천을 먼저 보이게 해주세요.

아이에게 나쁜 선입견을 심어주지 않게 하시고

부모로 인해 잘못된 생각이 자리 잡지 않도록 해주세요.

항상 부모의 생각을 은연중에 주입하지 않게 하시고

부모가 바라는 행동과 사고를 하게 유도하지 않게 해주세요.

아이 본연의 성향이 순수하게 살아날 수 있고 뻗어 나갈 수 있게 도움이 되고 기다리고 인내하는 현명한 부모가 되게 해주세요.

다양한 음식을 맛볼 기회를 주시고 다양한 문화를 만나고 체험할 수 있는 경험을 허락하는 부모가 되게 해주세요.

우물 안 개구리로 키우게 하지 마시고 더 큰 세상으로 향하게 아이에게 비전을 제시할 수 있는 부모가 되게 해주세요.

다른 사람과 부모의 교육 철학이 다르다고 할지라도 그 마음이 흔들리지 않게 해주세요.

무엇보다 남들과 다른 아이로 키우기보다 언제나 누구에게나
바른 아이로 키우는 것에 더 집중할 수 있게 해주세요.
주님이 기뻐하시는 자녀 세우기에 집중할 수 있게 해주세요.
예수님의 이름으로 기도드립니다. 아멘.

 넌 어떻게 생각해?

1. 나와 많이 다른 친구에 관해서 이야기해 볼까?
2. 사람들의 생각이 다 다른 이유는 뭐라고 생각해?
3. 남들과 좀 다른 아이에 집중하는 이유는 무엇일까요?
4. 더 큰 세상으로 아이를 보낼 때 어떤 마음이 필요할까요?

하나의 문제에 답이 여러 개가 될 수 있을까?

아이를 위한 기도

모든 일이 내가 생각하는 대로 되지는 않습니다.

공부도 잘하고 싶고 운동도 잘하고 싶고 멋있어지고도 싶지만,

쉽게 맘처럼 그렇게 되지는 않습니다.

그럴 땐 마음이 많이 상합니다.

내가 생각하는 일이 맘처럼 된다고 하더라도 그것이 항상 정답이 아닐 수도 있습니다.

이럴 때는 더욱더 유연한 마음이 필요합니다.

유연한 마음을 가진 아이가 되게 해주세요.

쉽게 마음이 상하지 않게 하시고 쉽게 상처받지 않게 해주세요.

남의 생각이 더 훌륭하다고 생각되면 인정하고 수긍할 수 있는 아이가 되게 해주세요.

문제가 생겼을 때 나의 고집만 주장하는 버릇없는 아이가 되지

않게 해주세요.

내 뜻대로 되지 않더라도 슬퍼하거나 낙담하지 않는 아이 되게 해주세요.

남의 말을 경청하고 남의 관점에서 한 번 더 생각할 수 있는 마음을 허락하시고, 지혜를 가슴에 담고 입술로 말할 수 있는 유연한 아이가 되게 해주세요.

모든 일에 '그럴 수도 있겠네!'라고 생각하게 하시고

정답은 하나가 아니라는 것도 아는 아이가 되게 해주세요.

힘센 사람 앞에 무조건 복종하지 않는 아이 되게 하시고

넓은 사고와 부드러운 태도를 보일 수 있는 아이가 되게 해주세요.

매번 문제가 발생했을 때 지혜롭고 현명하게 문제를 해결할 수 있게 해주세요.

다름을 인정하고, 친구를 이해하고, 부모를 공경할 수 있는 큰 마음을 주소서.

내 생각과 다른 부모의 마음을 헤아려 볼 수 있게 하시고 더 멀리 더 크게 볼 수 있는 능력을 갖춘 아이가 되게 해주세요.

답답한 부모라고 생각하지 않게 하시고 유행도 모르고 구식이라는 생각을 버릴 수 있게 해주세요. 부모가 말하는 속뜻이 무엇인지, 왜 그런 건지 이해해 보려는 마음을 주소서.

이해하고 난 뒤 수용할 수 있는 마음도 주시고

행동으로 옮길 수 있는 실천하는 아이가 되게 해주세요.

부모를 위한 기도

부모이기에, 아이보다 나이가 더 많으므로, 항상 내 생각과 결정이 옳다고만 생각했습니다.

내가 항상 옳거나 항상 완벽하지는 않다는 것을 부모가 알게 해주세요.

부모인 나에게 아이보다 더 큰 유연한 사고를 허락해주세요.

아이와 타협 할 수 있는 점을 찾아볼 수 있게 하시고 아이를 믿을 수 있는 부모 되게 해주세요.

나와 다른 생각하는 이들에 아량을 베풀 수 있는 마음을 주시고 용기를 주소서.

문제 앞에서 고민할 수 있는 시간을 주시고

그 문제를 풀어나갈 힘과 에너지를 충분히 주소서.

자식을 바꾸어야 한다는 고집을 내려놓을 수 있는 부모 되게 하시고

아이와 항상 대화하며 평화로운 수단을 취할 수 있는 지혜롭고 현명한 부모 되게 해주세요.

나의 어리석음을 인정할 수 있는 부모 되게 하시고

실수를 실수라고 바라보게 하시고 바로잡을 수 있는 기회를 주세요.

고집불통인 아이와 소통하지 못하는 이유가 부모의 고집 때문임을 스스로 알게 하시고, 아이의 못남과 부족함만 꼬집어보기에 앞서 나의 부족함을 깨닫는 부모 되게 해주세요.

내 모습을 제대로 바라볼 수 있는 용기와 지혜를 허락해주세요.

예수님의 이름으로 기도드립니다. 아멘.

 넌 어떻게 생각해?

1. 친구와 생각이 달라서 다투게 되었을 때 처음으로 해야 하는 것은 무엇일까?

2. 부모와 생각이 달라서 갈등을 겪게 되었을 때 처음으로 해야 하는 것은 무엇일까?

3. 마음이 유연하다는 것은 무슨 뜻일까?

4. 부모가 답답하다고 생각한 적이 있니? 자세히 이야기해주겠니?

12
친절

제일 기억에 남는
따뜻한 말이나 행동이 있다면?

아이를 위한 기도

친절하게 행동하는 것은 상대적으로 힘이 없어서 그런 것이 아닙니다.

남의 의견을 따르는 것이 남보다 힘이 부족해서 그런 것이 아닙니다.

내면의 힘이 강한 사람은 절대로 함부로 남을 대하거나, 남을 무시하지 않습니다.

친절한 마음씨를 가진 아이가 되게 해주세요.

상냥한 행동을 하는 아이가 되게 해주세요.

배려가 몸에 밴 아이가 되게 해주세요.

어려운 사람에게 더 큰 친절을 베풀 수 있는 아이가 되게 해주세요.

지친 사람들에게 친절한 말 한마디를 통해 남에게 힘이 되어주는 아이가 되게 해주세요.

어떤 일에도 누구에게도 의지가 되는 아이가 되게 해주세요.

그럼에도 무엇보다 주님을 의지하게 해주세요.

세상이 어두울수록 빛이 되는 아이가 되게 해주세요.

친절한 말 한마디가 가지는 진정함 힘이 무엇인지 알게 해주세요.

남을 이해하는 마음을 주시고 다정하고 따뜻한 아이가 되게 해주세요.

상대를 비난하거나 헐뜯거나 단점을 찾고 비판하는 사람이 되기보다는

약점도 강점으로 볼 수 있는 구별된 눈을 가진 아이가 되게 해주세요.

강한 바람으로 남을 이기려는 마음보다는 햇볕과 같은 따스함으로 친구를 안아줄 수 있는 아이가 되게 해주세요.

힘들 때 힘이 되는 친구가 되게 하셔서 좋은 친구가 되고 좋은 친구를 얻게 해주세요.

"괜찮니?"라는 말로 상대의 마음을 풀어 줄 수 있게 하시고 "괜찮아."라는 말로 친구에게 힘에 되게 하시고 "그럴 수도 있지."라는 말로 남을 이해할 수 있는 아이가 되게 해주세요.

힘센 사람 앞에서도 굴하지 않는 용기를 주시고 힘이 약한 사람

앞에서 강함으로 굴복시키지 않게 해주세요.

세상에서 작은 일을 하는 사람들을 무시하지 않게 하시고 각자 맡은 사명이 있기에 모든 사람을 귀중하고 존중하는 아이가 되게 해주세요.

작은 미소, 작은 친절 하나로 세상이 좀 더 따뜻해진다는 것을 실천하는 아이가 되게 해주세요.

"감사합니다." "미안합니다." "사랑합니다."라는 표현에 익숙하게 해주세요.

마음과 행동에 친절이 넘쳐나서 만나는 사람마다 따스함을 느끼게 해주세요.

이런 친절을 베푸는 사람이 항상 곁에 있게 하셔서 더 건강한 아이가 되게 해주세요.

예수님 닮은 아이 되게 하소서.

부모를 위한 기도

아이에게 친절한 말을 하는 부모가 되게 해주세요.

꾸짖기를 좋아하거나 명령을 일삼는 부모가 아니라, 아이의 의견을 묻기를 좋아하고 따르기를 실천하는 부모가 되게 해주세요.

다른 사람보다 더욱 가족에게 친절한 부모가 되게 해주세요.

사람의 처지에 따라서 친절의 강도가 달라지지 않게 하시고, 약한 자에게는 더 약함으로, 강한 자에게는 더 강함으로 친절을 베풀 게 해주세요.

작은 친절이 몸에 배어 큰 친절도 습관이 되는 부모가 되게 해주세요.

따뜻한 가정과 따뜻한 사회를 만들기 위해 노력하는 부모가 되게 해주세요.

친절을 오해하지 않게 하시고 불편하지 않게 해주세요.

이웃에게 친절하게 인사하게 하시고 감사의 표현에 서투르지 않게 해주세요.

아이는 부모의 친절을 먹고 자란다고 생각하게 해주세요.

사랑의 표현은 '사랑해'라는 말뿐 아니라 친절한 미소와 몸짓이라는 것을 잊지 않는 부모가 되게 해주세요.

예수님의 이름으로 기도드립니다. 아멘.

 넌 어떻게 생각해?

1. 친절한 말은 무엇이 있을까?
2. 부드러운 말 중에 가장 듣기 좋은 말은 뭘까?
3. 부모가 친절하다고 느꼈을 때는 언제인지 이야기해 줄래?
4. 나그네의 옷을 벗긴 해의 이야기를 들려주세요. 바람은 왜 그 게임에서 졌을까요?

13
평화

언제 마음에서 싸움이 일어날까?

우리가 밥을 먹고 잠을 자고 학교에 가는 시간에도 먼 곳에 사는 누군가는 총을 쏘고 총에 맞에 죽어가는 사람들이 많습니다.

우리가 텔레비전을 보며 웃고 있는 시간에도 누군가는 전쟁으로 가족을 잃은 슬픔의 눈물 흘리는 사람들이 있습니다.

아이가 싸움의 중심에 서지 않게 해주세요.

평화로움이 얼마나 중요한 것인지 알게 해주세요.

세계평화를 이루기 위해서는 아이 마음의 평화가 먼저 필요하다는 것을 알게 해주세요.

매일 선과 악이 싸움을 벌이고 있습니다. 이 싸움에서 항상 승리할 수 있게 하셔서 평화로운 마음으로 하루하루를 살게 해주세요.

남을 비방하고 헐뜯는 자리에서 멀리 있게 하시고, 불평불만을 일삼는 사람들과 함께하지 않는 아이가 되게 해주세요.

마음의 평화가 갖는 힘이 얼마나 큰지 알게 해주세요.

세상에서 많은 사람이 싸움으로 인해 벌어지는 전쟁 때문에 피흘리며 고통받고 두려움에 떨고 있다는 것을 알게 해주세요.

분단국가에 살고 있지만, 세계에서 몇 안 되는 평화로운 나라에 살고 있다는 사실에 감사하게 해주세요.

친구의 말을 가로채거나 친구의 업적을 가로채어 싸움이 나지 않게 해주세요.

갈등이 생겼을 때도 평화로운 방법으로 문제를 해결할 수 있게 하시며 분명 그런 방법이 있을 것이라는 희망을 품는 아이가 되게 해주세요.

될 대로 되라는 식의 마음을 버리게 하시고 가장 중요한 것이 무엇인지 알게 해주세요.

평화를 깨뜨리는 분위기에 쉽게 동조되지 않게 하시고

주먹으로 남을 때리지 않게 하시고 말로써 남을 고통스럽게 하지 않게 해주세요.

힘을 가진 사람들 뒤에 숨어 힘없는 사람을 조롱하지 않게 하시고, 자신의 행동에 항상 떳떳할 수 있는 아이가 되게 해주세요.

어떠한 경우라도 폭력은 옳지 않다고 생각하고 행동하는 아이가 되게 해주세요.

주먹은 또 다른 주먹을 낳는 일임을 알게 하시고 거친 말과 행동을 참을 수 있는 아이가 되게 해주세요.

평화로운 마음을 가진 부모가 되게 하셔서서 항상 안정적인 마음을 가지게 해주세요.

아이에게 시비를 걸지 않게 하시고 나의 옳음이 항상 최선이라는 생각에서 벗어나게 해주세요.

자녀를 양육하고 훈계하는 매 순간 마음의 번뇌를 물리치게 하시고, 시끄러운 마음을 잠잠히 할 수 있는 활동을 할 수 있게 해주세요.

지혜롭게 싸움을 물리치는 방법을 연구하게 하셔서 부부싸움이 일어나지 않게 하시고, 그로 인해 고통 받는 자녀가 없게 해주세요.

이웃과 함께 평화롭게 공존하는 방법에 대해 고민하는 부모 되게 해주세요.

남에게 피해를 주는 행동을 자제하게 하시고 평화를 원하는 주님의 마음을 잊지 않게 해주세요.

평화로운 가정의 시작은 내 마음부터 내 말 한마디부터라는 생각을 항상 할 수 있게 해주세요.

선과 악이 싸우는 전쟁이 내 머릿속에 일어날지라도 의연하게 대처할 수 있는 능력을 주님이 나에게 주셨다는 사실을 알게 해주세요.

예수님의 이름으로 기도드립니다. 아멘.

넌 어떻게 생각해?

1. 친구가 시비를 걸어왔을 때 어떻게 하는 게 좋을까?
2. 폭력은 또 다른 폭력을 낳는다는 말이 무엇일까?
3. 친구를 때리면 나빴던 기분이 좋아질까?
4. 전쟁으로 부모와 집과 학교가 모두 없어지면 어떤 기분일까?

내가 어떻게 할 때, 넌 제일 기분이 좋아?

아이를 위한 기도

배려가 있으면 싸움이 나지 않습니다.

배려를 잘 하는 사람은 모든 사람이 좋아합니다.

친구가 하는 말을 끊지 않는 아이가 되게 해주세요.

상대의 눈을 맞추고 상대의 말을 끝까지 경청할 수 있는 끈기를 가진 아이가 되게 해주세요.

배려는 아는 사람에게만 하는 것이 아니라 모르는 사람에게도 하는 것임을 알게 해주세요.

함께 더불어 살아가기 위해서는 배려가 꼭 필요한 것이라는 생각하게 해주세요.

부모를 배려하는 아이가 되게 해주세요.

자기만 생각하는 것이 아니라 주위 사람들에게 관심 갖게 해주시고 배려받기를 기다리기보다 먼저 배려할 수 있는 아이가 되게 해주세요.

부모에게 감사를 표현하는 것도 배려라는 것을 알게 하셔서 부모가 베푸는 것들에 대해 당연하다고 생각하지 않고 항상 감사하다고 표현할 수 있는 아이가 되게 해주세요.

인사를 잘하는 것이 배려의 첫 단계임을 알고 인사를 잘 하는 아이가 되게 해주세요.

남의 입장에 서서 남을 생각하는 습관을 지니는 아이가 되게 해주세요.

배려의 참 의미가 무엇인지 알게 해주세요.

복종과 배려는 다른 의미라는 것을 알게 하셔서 배려하되 복종하지 않는 아이가 되게 해주세요.

남의 물건을 함부로 사용하거나 부수지 않게 해주세요.

남의 집에 갔을 때 예의 있게 행동하는 아이가 되게 해주세요.

남의 집 냉장고 문을 함부로 연다든지 어른들 침대에 올라간다든지 서랍 등을 마구 열어보지 않는 아이가 되게 해주세요.

친구의 물건이라고 귀중하게 여기지 않거나 잃어버리지 않게 해주세요.

아이를 존중하는 부모가 되게 해주세요.

아이를 배려하는 부모가 되게 해주세요.

부모의 권위로 아이의 생각을 무시하지 않게 하시고 아이가 원하는 것이 무엇인지 더 세심하게 관찰하고 찾기 위해 노력하는 부모가 되게 해주세요.

아이의 말을 진심으로 들어줄 수 있는 시간과 에너지가 있게 해주세요.

말이 안 되는 소리를 해도 윽박지르거나 지적하기보다는 부드럽고 친절하게 타이를 수 있는 부모가 되게 해주세요.

아이를 아이의 속도대로 자랄 수 있도록 인내할 수 있는 배려를 가질 수 있게 해주세요.

내가 정한 대로 따라오지 않음에 실망하지 않게 하시고

아이의 속도를 인정하고 기다릴 수 있게 해주세요.

아이를 보채지 않게 하시고 서두르지 않게 해주세요.

배려 또한 부드러운 언어와 더 부드러운 행동에서 시작된다는 것을 알게 해주세요.

아이들의 키가 몸무게가 나보다 더 나간다 할지라도 높은 기대하지 않게 하시고

아이들의 키와 몸무게가 나의 반도 미치지 못할지라도 나와 같은 어른이라고 생각하게 해주세요.

지위가 높고 낮음에 돈이 많고 적음에 따라 나의 행동이 바뀌지 않게 해주세요.

배려는 누구에게나 똑같은 마음으로 할 수 있다고 믿게 해주세요.

내가 아이를 배려할수록, 아이는 나를 존경한다고 믿는 부모 되게 해주세요.

예수님의 이름으로 기도드립니다. 아멘.

 넌 어떻게 생각해?

1. 배려가 무엇일까?
2. 내가 오늘 받은 배려는 무엇이 있을까?
3. 내가 내일 남에게 베풀 수 있는 배려는 어떤 것이 있을까?
4. 배려가 없는 사람들은 어떤 행동을 하는 사람들일까?

스티브 잡스, 마크 저커버그, 빌 게이츠의 공통점이 무엇인지 아십니까? 그렇다면 구글의 공동 창업자 래리 페이지와 세르게이 브린, 스티븐 스필버그의 공통점은요? 마르크스주의 사상가이며 부익부 빈익빈의 카를 마르크스와 지그문트 프로이트와 알베르트 아인슈타인도 마찬가지입니다.

이 9명의 공통점은 무엇일까요? 이미 알아챘겠지만 바로 유대인입니다. 이뿐만이 아닙니다. 미국의 최상위 부자 40명 중 16명이 유대인이라고도 하지요. 세계의 백만장자의 20%가 유대인입니다. 미국 로펌에서 근무하는 30% 이상의 유능한 변호사들도 대부분이 유대인입니다. 말을 너무 잘해서 변호사 실적도 최고가 되지 않았나 생각되는데요.

신기한 사실은 대형 미국 로펌들이 유대인의 국경일이나 기념일에는 자체적으로 모두 영업을 하지 않는다는 사실입니다. 그 이유를 들어보니 최고의 유대인 변호사들이 모두 다 개인적으로 휴가를 써 버리고 회사에 나오지 않기 때문에 어차피 다른 직원들이 출근해도 일이 제대로 돌아가지 않는다고 하더군요. 그러니 미국 국경일이 아님에도 로펌의 직원들 모두가 쉬는 게 더 효율적이라고 합니다.

그뿐 아니죠. 미국 연방 대법관이 9명인데 그 중에 3명이 유대인입니다. 뉴욕의 중고등학교 교사의 50%가 유대인이라고도 하네요. 정말이지 유대인은 세계를 움직이고 있다고 해도 과언이 아닙니다. 그렇다면 도대체 유대인은 얼마나 되는 걸까요?

유대인은 세계 0.25%의 인구에 불과합니다. 유대인 인구 8,000여만 명에 불구함에도 불구하고 이런 업적을 만들어 낸다니요. 그럼 한국은 얼마나 될까요? 한국은 1,500여만 명으로 우리의 인구가 유대인보다 약 두 배나 많습니다. 그렇다면 유대인의 지능은 월등히 높아 세계 최고 수준일까요?

그렇지 않습니다. 유대인의 지능은 세계 45위로 랭킹 되어 있습니다. 심지어 유대인의 IQ는 한국인보다 평균 12점이나 낮습니다. 그런데도 유대인은 노벨상의 30%를 가져가고, 하버드생의 30%가 유대인이며 세계적으로 이름만 내놓아도 알 만한 사람들이 유대인입니다. 알면 알수록 위대하고 동시에 두려워서 혀를 내두를 수밖에 없는 민족이지요.

그 유대인의 비결이 뭘까요? 한국인보다 지능도 낮고 한국인보다 숫자도 열악하고 평생 멸시와 핍박을 받고 살았던 이 민족의 비결이 무엇인지 찾아볼 수밖에 없었지요. 그 비결은 바로 '하브루타'입니다. 하브루타는 유대인의 핵심요소였습니다.

chapter 3

내가 너를 위해
할 수 있는 기도

우리에겐 손이 3개가 있다는데 무슨 뜻일까?

아이를 위한 기도

세상은 혼자 살 수 없는 곳입니다.

주위를 둘러보면 항상 도움이 필요한 사람들이 있습니다.

나 또한 다른 사람의 도움이 필요합니다.

친구에게 도움을 줄 수 있는 아이가 되게 해주세요.

자기의 이익만 생각하는 이기적인 아이가 되지 않게 하시고,

도움의 손길이 필요한 곳에 선뜻 도움을 줄 수 있는 아이가 되게 해주세요.

'나 하나쯤이야.' 하고 지나치지 않게 하시고

기쁜 마음으로 도움이 필요한 사람을 도울 수 있는 아이가 되게 해주세요.

하지만 아이의 목숨을 위협할 수 있는 위험한 일은 분별할 수 있는 지혜를 허락하셔서

남을 돕다가 오히려 아이가 해를 입지 않게 해주세요.

어른들의 도움을 구하던지 더 많은 사람의 도움을 구하는 것이 옳다는 판단을 할 수 있게 해주세요.

누가 도움이 필요한지 알아볼 수 있는 지혜의 눈을 주소서.

불우한 이웃을 돕게 하시고 이웃을 위해 아이의 것을 나눌 수 있는 마음을 주소서.

혼자서 잘 먹고 잘사는 것이 행복한 것이 아님을 알게 해주세요.

이해를 잘 못 하는 친구에게 쉽게 이해할 수 있게 설명할 수 있는 아이 되게 하시고

행동이 느린 친구를 너그럽게 기다려주고 필요한 것을 도와줄 수 있는 아이 되게 해주세요.

나보다 약한 사람을 보호해 줄 줄 아는 아이 되게 하시고

도우면서 느끼는 행복과 즐거움을 깨닫게 해주세요.

반대로 아이가 도움이 필요할 때에는 부모에게 친구에게 도움이 필요하다고 솔직하게 말할 수 있게 해주세요.

주변에 서로 도움을 주고받는 좋은 친구들과 믿음직한 어른들이 아이 주변에 있게 해주세요.

그 속에서 두터운 우정을 쌓게 하시고 시기하고 질투하지 아니하고 친구를 위하는 마음을 가지는 아이가 되게 해주세요.

마음이 깊고 넓어서 친구의 문제에 귀를 기울일 줄 알고, 위로해 줄 줄 알고, 좋은 방향을 함께 찾아갈 수 있는 현명한 아이가

되게 해주세요.

도움을 주고받는 것이 어려운 일도, 귀찮은 일도, 불필요한 일도 아니며, 함께 살아감에 있어 꼭 필요한 일이라는 것을 알게 해주세요.

부모님이나 어른들이 모든 집안일을 하는 것이 당연한 것이 아님을 알게 하셔서 집안일을 돕는 아이가 되게 해주세요.

부모를 위한 기도

아이를 잘 돕는 부모가 되게 해주세요.

하지만 아이를 돕는다는 명목으로 아이의 일을 대신해주는 부모는 되지 않게 해주세요.

아이에게 불필요한 참견과 잔소리는 불편한 애정표현이며 모두에게 득이 되지 않는다는 것을 알게 하소서.

가족에게 좀 더 도움이 되는 부모가 되게 하시되

도움을 주고받는 과정에서 감사의 말이 오가며 서로를 더 사랑할 수 있게 해주세요.

남의 아픔을 그냥 넘기지 않게 하시고 함께 슬퍼하고 함께 기뻐하며 도울 수 있는 부모가 되게 해주세요.

항상 이웃을 사랑하고 도울 수 있는 우리가 되게 해주세요.

예수님의 이름으로 기도드립니다. 아멘.

넌 어떻게 생각해?

1. 집에서 가장 도움이 필요한 사람은 누구일까?
2. 그 사람을 어떻게 도와줄 수 있을까?
3. 도움이 필요할 때 도와달라고 이야기하는 것은 부끄러운 일일까?
4. 슬픔을 나누면 반이 되고 기쁨을 나누면 배가 된다는 것은 무슨 뜻일까?

16
꿈 꾸기

내일 아침이 되면 네 소원이 이루어진대.
무슨 일이 일어났으면 좋겠니?

아이를 위한 기도

꿈이 없이 살아간다는 것은 슬픈 일입니다.

꿈을 가지고 살아가면 하루하루가 비슷하고 똑같다 할지라도
그 속에서 즐거움과 기쁨을 찾을 수 있습니다.

꿈이 있는 아이는 두 눈이 반짝이고 예의 바르며 현명하고 밝게
자랍니다.

꿈을 꾸는 아이가 되게 해주세요.

아이가 무엇을 꿈꿔야 할지 아직은 잘 모를 수도 있지만 언젠가
는 알게 해주세요.

아이가 즐거워하고, 하고 싶어서 하는 일에 아이 스스로 관심
을 가지게 하시고

잘하는 일이 무엇인지 아직은 분명하지 않지만, 곧 찾을 기회를

얻게 해주세요.

모든 일은 마음먹기 나름이라고 생각하며 용기를 가지게 하셔서 자신감이 넘치는 아이가 되게 해주세요.

꿈을 위해 노력하는 아이가 되게 하시고

그 과정에서 더 큰 꿈을 꿀 수 있는 아이가 되게 해주세요.

매일 매일 달라지는 꿈을 꿀 때도 있게 하시되

한 꿈을 정했다면 그 꿈을 위해 매일 조금씩 앞으로 나아갈 수 있는 아이 되게 해주세요.

자신이 원하는 것을 상상하며 바라볼 수 있게 하시고

할 수 있다는 희망으로 불가능이란 없다는 생각을 가지는 아이가 되게 해주세요.

꿈을 쫓아가는 과정에서 수많은 유혹이 있더라도 물리칠 수 있게 하시고

나쁜 친구들의 꾐에 넘어가지 않는 뚝심도 가지는 아이 되게 해주세요.

목표를 삼은것이 있다면 큰일을 위해 작은 것들을 포기할 수 있는 분별력도 허락해주세요.

집중하기가 어려운 시간이 있다고 할지라도 숨을 길게 쉬고 화를 참게 하시고

답답하고 불안한 마음을 내려주시고 복잡한 생각을 떨칠 수 있게 해주세요.

다른 사람에게 도움이 되고 행복해지고 미래의 희망이 되는 꿈을 꾸게 하셔서

지도자가 되어 많은 사람에게 감사를 받고 칭찬을 받는 아이가 되게 해주세요.

작은 것에 집착하거나 마음 다치지 않게 하시고

실패의 순간이 있어도 스스로 일어설 수 있는 아이가 되게 해주세요.

실패는 실패가 아니라 또 다른 성공이라는 사실을 깨닫게 하시고 그 또한 감사할 수 있는 아이 되게 해주세요.

위대한 꿈을 이룬 수많은 사람 또한 그 길을 묵묵히 걸어갔다는 것을 알게 하시고

노력하는 과정이 길고 어려울지라도 참고 견디는 튼튼한 아이 되게 해주세요.

부모를 위한 기도

아이가 가진 꿈을 작은 꿈이라고 존중하지 않거나

큰 꿈이라고 허황되다 무시하지 않는 부모 되게 해주세요.

내 뜻과 다른 꿈을 꿀지라도 응원하고 격려하는 부모가 되게 해주세요.

세상이 많이 바뀌어서 부모가 가진 꿈이 오히려 아이에게 해가 될 수 있다는 사실을 알게 하시고, 과거에 머물러 있는 내 생각

을 깨뜨릴 수 있게 해주세요.

내가 이루지 못한 꿈을 아이에게 강요하지 않게 하시고

아이가 원하고 바라는 꿈을 이룰 수 있도록 진심으로 기도하고

돕는 부모 되게 해주세요.

그 과정에서 시련이 찾아올지라도 두려워하지 않고 힘을 줄 수

있는 부모 되게 해주세요.

부모 또한 꿈을 꾸게 하시고, 아이의 행복한 미래를 꿈꾸며 오

늘도 잠자리에 들게 해주세요.

예수님의 이름으로 기도드립니다. 아멘.

 넌 어떻게 생각해?

1. 꿈이 없는 사람은 행복할까?
2. 제일 작은 꿈이 있다면 이야기해 볼래?
3. 가장 큰 꿈이 있다면 어떤 것이 있을까? 한번 생각해 볼까?
4. 생각하다가 머리가 아플 때가 있지? 이럴 땐 어떻게 생각하면 좋을까?

17 책임감

책임을 진다는 건 무슨 의미일까?

아이를 위한 기도

내가 한 일이 아니라고 책임을 회피하는 사람들이 많습니다.

사람들이 책임감을 느끼지 않고 일을 해서, 건물이 무너지고 다리가 붕괴되고 다른 사람을 다치게 하는 경우도 많이 있습니다.

설령 사람들에게 해를 입히지 아니할지라도, 책임감이 없다면 다른 사람과 믿음직한 관계를 쌓을 수 없습니다.

작은 일이든 큰일이든, 모든 일에는 책임감이 꼭 필요합니다.

책임감을 가지는 것은 스스로 하는 약속이라는 것을 알게 하시고, 약속을 잘 지키는 아이가 되게 해주세요.

책임감을 느끼고 숙제하는 아이 되게 하시고

책임감을 느끼고 놀이하는 아이 되게 해주세요.

최선을 다하는 것이 책임감을 가지는 것이란 것을 알게 해주세요.

본의 아니게 남에게 상처를 주게 되었거나 실수를 하게 되었다면,

책임감 있게 사과하는 행동을 할 수 있는 아이 되게 해주세요.

책임감을 느끼고 학교에 다니고 학원에 다니는 아이 되게 해주세요.

책임감을 느끼고 밥을 먹고 잠을 자는 아이 되게 해주세요.

책임감을 느끼고 친구나 선생님 가족을 대하게 하시고, 그 관계 속에 신뢰를 쌓는 믿음직한 아이가 되게 해주세요.

믿음직한 아이로 소문나게 하시며 주위 사람들의 축복을 받는 아이가 되게 해주세요.

잘못을 저질렀을 때도 상대방에게, 미안하다는 짧은 말로 대충 상황을 넘기려고 하지 마시고, 진정을 담아 사과할 수 있게 해주세요.

말만으로 부족한 사과라면 행동이나 보상으로 사과를 보여 줄 수 있게 해주세요.

책임감이 강한 친구들과 어른들을 보고 배울 수 있는 환경을 허락해 주세요.

부모를 위한 기도

아이를 책임감 있게 키우는 부모가 되게 해주세요.

하지만 책임감이라는 이유로 아이를 존중하지 않는 순간도 있습니다.

그때마다 아이에게 사과하고 용서를 구할 수 있게 하셔서, 아이와의 관계가 틀어지지 않게 해주세요.

직장에서나 가정에서나 사회에서나 책임감이 넘치는 어른이 되게 하셔서, 내 아이뿐 아니라 이 나라의 모든 아이에게도 책임감 있는 시민의식을 보여 줄 수 있는 부모가 되게 해주세요.

나의 실수로 다른 사람이 다치지 않게 하시고 불편을 겪게 하지 않게 해주세요.

내게 주어진 일에 최선을 다하게 하시되 힘들지 않게 해주세요.

운동이나 명상 등 나를 편안하게 하는 취미를 갖게 하시고 몸과 마음이 힘들어서 책임을 회피하지 않게 해주세요.

성경을 가까이하고 일 년에 일독할 수 있는 마음도 허락해주세요.

아이를 책임지는 부모의 마음이 불안하지 않게 하시고 기쁨으로 넘치게 해주세요.

아이는 나의 소유물이 아님을 깨닫는 부모 되게 해주세요.

아이에게 책임을 물을 때 혹여나 자신의 책임이 부족하지는 않았는지 먼저 생각할 수 있는 부모가 되게 해주세요.

예수님의 이름으로 기도드립니다. 아멘.

넌 어떻게 생각해?

1. 책임감이 강한 사람은 어떤 사람일까?
2. 책임감을 느끼고 학교에 가면 무엇일 달라질 수 있을까?
3. 스스로 한 약속이 있니? 혹시 있다면 이야기해 줄 수 있을까?
4. 부모는 어떤 책임감을 느껴야 할까?

싸움이나 전쟁이 일어나는 이유가 뭘까?

아이를 위한 기도

사랑이 없는 곳이 점점 많아지고 있습니다.

사랑이 없어서 싸움이 일어나고 전쟁이 일어나고

질투와 이기심에 남을 탓하며 자신의 잘못을 모른 채 살아갑니다.

모든 것을 사랑으로 품을 수 있는 아이가 되게 해주세요.

하지만 무엇보다 자신을 사랑할 줄 아는 아이가 되게 해주세요.

자신의 꿈을 사랑하고 자신의 몸을 사랑하는 아이가 되게 해주세요.

자신의 꿈을 향해 가는 모든 과정을 사랑하게 하시고 실패 또한 사랑으로 이겨내게 해주세요.

이웃을 사랑하고 친구를 사랑하고 가족을 사랑하게 해주세요.

배려를 넘어서 희생을 해야 하는 순간에도 사랑의 힘을 발휘할 수 있게 해주세요.

게임이나 음란한 것이나 몸에 해를 끼치는 것을 멀리할 수 있게 하시고, 그 또한 자신을 사랑하는 것이란 것을 깨닫는 아이가 되게 해주세요.

세상을 혼자 살아가야 한다는 고독한 마음을 버리게 하시며, 남과 더불어서 함께 살아가는 사랑의 마음을 가진 아이가 되게 해주세요.

자연을 사랑하는 마음을 주셔서 깨끗한 자연 속에서 건강하게 자랄 수 있게 해주세요.

동물을 사랑하는 마음을 주시고 작은 생명이라도 보호할 수 있는 마음을 가진 아이 되게 해주세요.

사랑을 표현함에 어색하지 않게 하시고, 선한 눈과 밝은 표정과 아름다운 미소로 남을 대하는 아이 되게 해주세요.

친절한 말과 사려 깊은 생각으로 대화하는 이로 하여금 사랑받고 있다는 생각하게 만들 수 있는 아이 되게 해주세요.

사랑을 실천하는 아이가 되어 아이가 서 있는 이 땅이 사랑이 가득한 곳으로 만들 수 있는 아이가 되게 해주세요.

아이가 가진 사랑의 씨앗이 민들레 씨앗처럼 퍼져 나가게 해주세요.

많은 사람에게 사랑받는 아이가 되게 해주세요.

사랑받을 수 있는 일이 무엇인지 알게 하시고 사랑받는 일에 노력하는 아이가 되게 해주세요.

사랑을 아낌없이 줄 줄 아는 마음을 주시고 다른 이로부터 받는 사랑을 오해 없이 받아들여 기쁨이 넘치는 아이가 되게 해주세요. 아이가 가진 물건도 사랑하게 하셔서 아끼고 보호하는 마음을 가지게 해주세요.

부모를 위한 기도

넘치는 사랑을 베푸는 부모가 되게 하시되 올바른 방법을 아는 지혜를 허락하소서.

사랑이라는 이유로 아이를 괴롭히는 부모가 되지 않게 해주세요.

자칫 나의 욕심과 이기심을 아이를 위한 사랑이라고 착각하지 않게 하시고

그로 인해 나의 아이가 상처를 받지 않게 해주세요.

나의 잘못을 인정하고 용서를 구할 수 있는 부모가 되게 해주세요.

몸소 사랑을 실천하여 존경받는 부모가 되게 해주세요.

가정에서뿐 아니라 직장에서도 사회에서도 이웃을 사랑하는 마음을 갖게 하시되, 무엇보다 나 자신을 스스로 사랑할 줄 아는 부모가 되게 해주세요.

내 몸과 마음을 바르게 살피는 것이 나를 사랑한다는 것을 알게 하시고, 내 몸과 마음이 무엇을 원하는지 항상 살피고 채울 수 있는 현명한 부모가 되게 해주세요.

예수님의 이름으로 기도드립니다. 아멘.

넌 어떻게 생각해?

1. 네가 제일 사랑하는 물건은 뭐니?
2. 네가 제일 사랑하는 사람은 누구니?
3. 사랑받으려면 어떤 노력을 해야 할까?
4. 사랑은 주면 없어지는 걸까?

사람이 느끼는 감정은 과연 몇 가지일까?

아이를 위한 기도

사람은 다양한 감정을 가지고 살아갑니다.

기쁨이 넘치고 설레고 두근거리고 감동을 주고받고 행복한 마음도 있습니다.

칭찬을 받고 뿌듯하거나 기분이 황홀해서 날아갈 것 같은 마음도 들 때도 있지만, 어떨 때는 우울하고 허전하고 후회스럽고 아쉽고 실망하는 마음도 있습니다.

미안하고 원망스럽고 두려운 마음도

앞길이 막막해서 불안하고 비참한 마음도 생기고, 매일 학교 가는 것이 지겹고 귀찮고 불편하고 괴로울 수도 있습니다.

관계에서 섭섭하고 속상하고 슬프거나 쓸쓸한 일이 있을 수도 있습니다.

시험 때는 긴장되거나 두근두근 거리기도 합니다.

망설여지는 일도 어색할 때도 걱정되는 일도 있습니다.

흥분되고 기대되고 자랑스럽고 자랑을 하고 싶은 일도 있습니다.

분하고 억울하고 짜증나고 화나는 일도 있습니다.

하지만 이 모든 감정이 자연스러운 일임을 알 수 있게 해주세요.

아이는 자신의 감정을 잘 모릅니다.

그래서 그 모든 감정을 짜증이라고 표현할 때가 많습니다.

다양한 감정이 있다는 것을 알게 하시고 그 감정의 색깔이 어떤 것임을 구별할 수 있는 아이가 되게 해주세요.

화가 난다고 물건을 집어 던지거나 폭력적인 행동을 하지 않는 아이가 되게 해주세요.

슬퍼서 눈물이 날수도 있지만 기뻐서도 눈물을 흘릴 수 있는 아이가 되게 해주세요.

아이 자신의 감정에 복받쳐서 남의 감정까지 상하지 않게 해주세요.

우울하다고 해서 나쁜 생각을 하거나 행동하지 않는 아이가 되게 해주세요.

시험에 긴장이 된다고 해서 커닝하거나 부도덕한 행동을 하지 않는 아이가 되게 해주세요.

억울하고 짜증이 난다고 해서 욕을 하지 않는 아이가 되게 해주세요.

짜증난다는 말을 입에 달고 사는 아이가 되지 않게 해주세요.

걱정이 된다고 할 일을 하지 않고 걱정만 하는 것이 아니라 문제를 바르게 바라볼 수 있는 아이가 되게 해주세요.

아이의 감정을 잘 표현할 수 있게 하시되

일 분 뒤를 생각하지 않고 내일을 생각할 수 있는 현명한 아이가 되게 해주세요.

주님! 짜증이 날 때마다 주님께서 도와주셔서 짜증의 마음이 사라지게 해주시고 그때마다 주님께 기도하는 아이가 되게 해주세요.

부모를 위한 기도

아이의 감정과 부모의 감정을 똑바로 바라볼 수 있는 부모 되게 해주세요.

부모가 어떤 감정인지 스스로 파악하지 못해서 혼자서 불안해하거나 혼란스러워하지 않게 하시고 그로 인해 아이가 불안에 떨지 않게 믿음직한 부모가 되게 해주세요.

기쁘면 기쁨을 한없이 표현할 수 있게 하시고 슬픈 일이 있으면 아이 앞에서 솔직한 슬픔을 보여 주되 아이가 충격을 받거나 불안해하지는 않도록 하게 해주세요.

밖에서 일어난 일 때문에 스트레스를 집 안에서 풀지 않도록 하시고, 특히 어린 아이들에게 그 스트레스가 전가되지 않도록 노력하는 부모가 되게 해주세요.

감정을 잘 컨트롤 하는 부모가 되게 하시며 스트레스를 관리할 수는 있는 활동을 찾고 선택하는 행동력도 주세요.

이 모든 감정이 인간이기에 누릴 수 있는 기쁘고 감사한 일이라는 것을 알게 해주세요.

주님, 악한 마음을 다스려 주시고 주님께 더욱 의지하는 부모 되게 해주세요.

예수님의 이름으로 기도드립니다. 아멘.

 넌 어떻게 생각해?

1. 오늘 몇 가지의 감정을 느꼈는지 이야기해 줄래?
2. 짜증이 날 때는 어떻게 하는 게 좋을까?
3. 기쁜데도 눈물이 날 수 있을까?
4. 감정을 조절한다는 것은 무슨 뜻일까?

많은 사람이 함께 가기 위해 꼭 필요한
사람이 있는데 그게 누구일까?

아이를 위한 기도

어느 사회나 리더는 필요합니다.

훌륭한 리더가 있어야지 어느 단체나 잘 운영됩니다.

리더는 반장이나 회장만을 뜻하는 것은 아닙니다.

리더는 혼자서 앞서나가는 사람이 아니라 여럿이 함께 갈 수 있게 하는 사람이기 때문입니다.

혼자서 잘났다고 거들먹거리는 사람이 아니라 모두가 더불어 살아가는 데 필요한 사람입니다.

리더십이 강한 아이가 되게 해주세요.

무엇보다 사람이 중요하다는 것을 아는 아이가 되게 해주세요.

권력 앞에 쉽게 무릎 꿇지 않는 아이가 되게 하시고

사람을 막 부리는 리더가 되지 않게 해주세요.

한 사람 한 사람, 사람을 귀하게 여기는 존경받는 리더가 되게 해주세요.

앞에서 지휘하기를 부끄러워한다고 해서 리더가 되지 못하는 것은 아닙니다.

뒤에서 사람들을 돕고 일으켜주고 힘을 주고 함께 하자고 격려하는 섬기는 리더도 있습니다.

격려해 줄 수 있는 따뜻한 리더십을 가진 아이가 되게 해주세요. 그렇게 아이가 성장하고 주위에 많은 사람과 함께 크게 되는 아이가 되게 해주세요.

부끄러워해야 할 때 부끄러워하며, 자기반성을 할 수 있는 리더가 되게 하시고

자랑스러워해야 할 때 자랑스러워하며, 다른 사람을 칭찬할 수 있는 리더가 되게 해주세요.

어려운 일을 닥쳤을 때도 기쁜 일이 있을 때도 혼자 생각하고 행동하지 않게 하시고, 의논하고 대화하고 다른 사람에게 의견을 물어보고 뜻을 하나로 합칠 수 있는 길을 깊이 생각하고 행동하는 지도자가 되게 해주세요.

혼자 외롭게 살아가는 사람은 리더가 아니라는 것을 깨닫게 하시고, 항상 남을 먼저 살필 수 있는 지도자가 되게 해주세요.

남의 말을 잘 듣는 경청의 힘과 그 말 속에 숨은 뜻이 무엇인지 알 수 있는 현명한 귀를 주시고, 상대방의 기분과 처지를 생각

하며 언어를 선택할 수 있는 지도자가 되게 해주세요.

리더는 빠른 결정이 필요할 때가 많습니다.

지혜를 주시고 지혜를 위한 독서도 게을리하지 않게 해주세요.

리더로써 인내가 필요할 때도 많습니다. 자기 마음을 평온하게 다스릴 수 있게 하시고, 욱하는 성격도 잠재워 주시고 잔잔한 바다 같은 마음을 가지는 지도자가 되게 해주세요.

칭찬받는 자리에서 자신을 스스로 높이기보다는 팀원들과 동료들에게 칭찬이 돌아가게 하시고, 대접받기보다는 먼저 남을 대접할 수 있는 지도자가 되게 해주세요.

항상 언행을 단정히 하여 손가락질 받지 않는 지도자가 되게 하시며, 잘못된 생각이나 욕심으로 모두가 어려움을 겪지 않게 밝은 마음을 가진 아이가 되게 해주세요.

부모를 위한 기도

아이를 키우면서 리더십을 발휘하는 부모가 되게 하소서.

모든 결정은 부모가 하는 것이 아니라는 것을 고백하게 하시고, 아이와 대화를 통해 서로를 위해 양보하는 미덕을 실천하게 하셔서 올바른 리더십을 가르칠 수 있는 부모가 되게 해주세요.

아이가 앞에서 지휘하는 지도자의 자리에 서지 못했다 할지언정 속상해하지 않고, 숨은 지도자의 역할을 더 중요하게 생각하는 부모가 되게 해주세요.

모든 것이 부모의 욕심임을 고백하며 내 욕심을 한 줌 한 줌 내려놓는 부모가 되게 해주세요.

예수님의 이름으로 기도드립니다. 아멘.

💬 넌 어떻게 생각해?

1. 돈보다 사람이 중요한 것일까?
2. 리더는 어떤 사람이 되어야 할까?
3. 숨은 리더도 리더일까?
4. 결정은 어떤 방법으로 이루어져야 할까?

태평양과 같은 마음이라고 하는데
그건 무슨 뜻일까?

아이를 위한 기도

싸움은 오해와 욕심으로부터 생깁니다.

남을 이해할 수 있다는 것은 나를 먼저 돌아볼 수 있을 때 생깁니다.

내 마음을 깊이 살펴볼 수 있는 사람이 강한 사람이 되는 지름길입니다.

남과 오해가 생기지 않게 깊은 대화를 나눌 수 있는 아이가 되게 해주세요.

욕심을 없애기 위해 나만 생각하는 마음을 잠시 중단할 줄 아는 아이가 되게 해주세요.

싸우기를 멀리하는 아이가 되게 해주세요.

주위 사람들의 마음을 읽을 수 있는 지혜의 눈을 허락하게 하시고, 다른 사람의 생각에 공감할 수 있는 마음을 가질 수 있는 아이 되게 해주세요.

다른 사람의 입장에서 생각하는 습관을 갖게 하시고

배려심이 높은 아이로 칭찬받게 해주세요.

사람마다 생김새가 다르듯이 성격도 다르고 가치관도 다르고 생각이 다르다는 것을 알게 하시어 달라서 좋은 점도 있다는 것을 알게 해주세요.

그래서 다름을 인정하게 하시고 그럴 수도 있겠다고 생각하는 아이 되게 해주세요.

친구의 아픔에 함께 아파하고

친구의 기쁨에 함께 기뻐할 수 있는 아이 되게 해주세요.

사람의 마음뿐 아니라 세상의 이치를 이해하는 능력도 기르게 해주세요.

바르고 고운 이 아이가 세상으로부터 지켜질 수 있게 하시고,

자신을 스스로 보호할 수 있는 강인함도 허락해주소서.

바른말을 쓸 수 있게 하시고 바른 생각을 가지게 해주시고,

사려 깊은 말을 쓸 수 있게 하시고 사려 깊은 생각을 실천하는 아이 되게 해주세요.

가치 없는 것에 욕심부리지 않게 하시고, 싸움과 다툼없이 소중한 것을 가질 수 있게 해주세요.

부모를 위한 기도

나는 이해심이 넘치는 부모가 아닙니다.

아이를 잘 이해하지 못할 때가 많음을 고백합니다.

그래도 하루하루 아이를 이해하려고 노력하는 부모가 되게 해주세요.

욱하는 성질을 죽여주시고 소리를 지르거나 성내지 않게 해주세요.

아이의 마음에서 섭섭한 것이 무엇인지 억울한 것이 무엇인지 미리 알게 하시고, 모르고 지나치는 경우가 있다 할지라도 아이를 통해 알게 되었다면, 아이에게 진심으로 사과할 수 있는 용기를 가지는 부모 되게 해주세요.

가족을 이해하고 이웃을 이해하게 하시되, 조건 없는 이해만큼이나 타협과 협상에도 능력을 발휘하는 부모가 되게 해주세요.

이해가 되지 않는다고 다른 사람을 비난하거나 몰상식하다고 생각하는 범을 행치 않게 하시고, 이해가 되지 않더라도 아무 말 없이 지켜보거나 자세히 알아보려고 하는 신중한 부모가 되게 해주세요.

항상 '그럴 수도 있겠구나!'라는 열린 마음을 갖게 하시며, 자신의 부족함을 인정하고 나를 먼저 이해할 수 있는 마음을 가진 부모 되게 해주세요.

예수님의 이름으로 기도드립니다. 아멘.

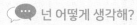 **넌 어떻게 생각해?**

1. 친구와 싸움을 하게 되는 이유가 뭐라고 생각해?

2. 친구의 아픔에 함께 아파한다는 것은 무슨 뜻일까?

3. 가치 없는 것을 가지려고 욕심을 부린 적이 있는지 생각해 볼까?

4. 부모가 너를 오해해서 네가 화가 나거나 섭섭한 적이 있겠지? 언제였을까?
   이야기해 줄래?

〈하브루타〉 하르부타 너로 정했어

이제 제가 무릎을 딱 치며 "아! 바로 이거야"라고 한 이유를 어느 정도 눈치챘을 거라 생각합니다. 하지만 앞서나온 수치 때문에 자녀교육의 핵심을 하브루타로 선택한 것은 아니었습니다. 유대인의 교육법인 기도 하브루타에는 아이의 눈높이에서 대화할 수 있는 힘이 있습니다. 답이 없는 질문을 통해서 아이들의 상상력과 창의성을 끊임없이 불러일으켜 주는 교육입니다. 일방적이고 지식전달형 수업에서 탈피해 아이의 잠재력을 끌어올리는 교육방식입니다.

그 시작이 바로 질문이었습니다. 처음에 개인적으로 질문을 만드는 것이 얼마나 힘이 들던지요. 책을 읽고 사실 관련 내용이나 추론하는 문제 등 국어나 언어영역의 문제를 풀어 보는 것은 익숙했지만, 스스로 궁금한 점을 찾고 누군가에게 질문한다는 사실이 너무 어색했습니다. 그래서 질문 만드는 것이 왜 이렇게 어려운 일일까 곰곰이 생각해 보니, 언제부터인가 저는 질문하면 안 되는 사람으로 퇴화해 버렸더군요. 수업시간에 궁금한 내용이 있어 질문하면 친구들의 비아냥거리는 소리를 들었어야 했죠. 대학생이 되고 어른이 되어도 강의 시간에 질문하면 서로가 불편해지는 상황이 생겼잖아요.

그런데 유대인 부모는 등교하는 자녀에게 "선생님께 모르는 걸 꼭 질문하도록 하렴."이라고 인사하지요. 우리처럼 "선생님 말씀 잘 듣고 싸우지 말고."라는 말은 절대 하지 않아요. 모르는 것이 있으면 질문하는 것이 당연한 일인데 우리는 그 당연한 사실을 왜 하지 못했을까요? 게다가 선생님 말씀을 잘 들으라는 반협박을 매일 들으며 마치 선생님 말씀에 질문하는 것 자체가 잘못인 것처럼 교육 받은 것은 아닐까 하는 생각도 하게 되었습니다.

그뿐인가요? 그렇게 질문 없이 살아간 대부분 한국인은 직장에 들어가서도 가정을 이루고 나서도 권력자에게 복종하기만 하는 상태에 놓이죠. 부장님이 과장님이 하라고 하시니 "네. 알겠습니다"라고 할 수밖에 없어요. 그 지시가 타당한지 아닌지를 물어볼 수조차 없죠. 그래서 속병이 생길 수밖에요. 시집 장가를 가서 새로운 가족 문화에 접했을 때도 마찬가지죠. 어른들에게 왜 그런가요? 라고 여쭤보면 정말이지 큰일 나죠. 질문한다는 것 자체가 우리에겐 불복종이나 비난, 불만으로 인식돼 버린 문화이기 때문이라고 생각해요. 질문은 과연 그럴까요?

미래라는 새로운 세상이 펼쳐집니다. 하지만 새롭다고 해서 모든 것이 새로울 수 없겠죠. 이미 하늘 아래 새로운 건 없는 시대이니까요. 그렇다면 우리는 미래사회를 어떻게 주도적으로 대응해 나갈 수 있을까 고민을 할 수밖에 없죠. 전문가들이 뽑은 키워드가 연결이라고 합니다. 이미 있던 것들을 새롭게 연결하는 것! 그러려면 우리에게 무엇이 제일 필요할까요? 바로 유연한 사고입니다. 유연한 사고를 얻기 위해서는 무엇이 필요할까요? 늘 "왜?" 라고 질문하는 힘과 "그럴 수도 있겠구나!" 하고 유연하게 받아들일 수 있는 태도가 아닐까요? 그 모든 것이 하브루타에는 자연스레 녹아 있었습니다.

chapter 4

누군가 너를 위해,
내가 너를 위해

너는 뭘 할 때, 제일 재밌어?

아이를 위한 기도

요즘 아이들은 하고 싶은 일이 없다고 합니다.

의욕도 없고 열정도 없고 오직 게임에만 몰두합니다.

하기 싫은 일을 미뤄두고 재미있고 신나는 것만 하려고 합니다.

하기 싫은 일 중에서 해야 할 일이 더 많습니다.

하기 좋은 일 중에서 생각해 보면 당장 해야 하는 일은 많지 않을 때도 있습니다.

열정이 없으면 미래도 없고 꿈도 없고 행복도 없어진다는 것을 알게 해주세요.

열정이 없다면 10대도 20대도 30대도 노인과 같은 삶을 살고 있다는 것을 알게 해주세요.

열정으로 세상을 변화시킨 많은 사람의 노력을 알게 하시며 그들의 땀방울의 가치를 아는 아이가 되게 해주세요.

내가 하고 싶은 일이 아니더라도 최선을 다할 수 있는 아이가 되게 해주세요.

열정을 가지고 일을 하면 하기 싫던 일도 즐거워 질 수 있다는 것을 알게 해주세요.

항상 긍정적인 태도로 삶을 살아가게 하시고 '귀찮다', '싫다' 등의 부정어를 쓰지 않는 아이가 되게 해주세요.

'즐겁다' '행복하다' '기분 좋다'는 긍정의 언어와 함께 하는 아이가 되게 해주세요.

열정으로 모든 일을 대하면 더 큰 즐거운 일이 있다는 것을 아는 아이가 되게 해주세요.

학교에서나 가정에서나 사회에서나 모든 일에 열정으로 임하게 하시고 그 노력의 대가로 더 행복해지는 경험을 많이 할 수 있게 해주세요.

전 세계 유명한 사람들의 공통점은 자신이 맡은 일에 열정을 가지고 최선을 다했기 때문임을 알게 해주세요.

약삭빠른 생각이나 속임수로 유명해지게 된 사람은 절대 행복하지 않다는 것을 아는 아이 되게 해주세요.

유명한 사람이 될 필요는 없습니다.

하지만 열정의 땀을 흘리는 사람이 되게 하시고

그 시기가 너무 이르지도 너무 느리지도 않게 해주세요.

재미있고 신나는 놀이에 너무 집중하지 않게 하셔서 해야 할 일을 미루지 않는 아이가 되게 해주세요.

모든 일에는 우선순위가 있고 해야 할 시기가 정해져 있다는 것을 알게 하셔서

후회하지 않는 학창시절을 보내는 아이가 되게 해주세요.

부모를 위한 기도

아이를 열정적으로 사랑하는 부모가 되게 해주세요.

집안일을 열정적으로 하게 하시고 바깥일도 열정적으로 하는 부모가 되게 해주세요.

맡은 일에 최선을 다하며 즐거운 마음으로 하는 부모가 되길 바랍니다.

열정적으로 삶을 살면서 육체적으로 힘이 빠지거나 지치지 않게 하시고

정신적인 충만함도 놓치지 않아 더 큰 에너지가 생기게 해주세요.

모든 일을 긍정적으로 생각할 수 있게 하시고 부정적인 생각은 하지 않는 열정이 넘치는 부모가 되게 해주세요.

귀찮다고 아이를 내 팽개치지 않게 하시고 항상 따뜻하게 아이를 돌볼 수 있는 부모가 되게 해주세요.

그릇된 열정을 아이 학업에 쏟지 않게 하시고 아이를 객관적으로 바라볼 수 있는 부모가 되게 해주세요.

예수님의 이름으로 기도드립니다. 아멘.

넌 어떻게 생각해?

. . . .

1. 내일 해야 할 일 중에 열정적으로 해야 할 일은 무엇이 있을까?

2. 유명한 사람 중에 열정적이지 못한 사람이 있었을까?

3. 재미있고 신나는 놀이에만 열중하면 어떤 일이 생길까?

4. 부모가 너에게 바라는 것 중에 네가 하기 힘든 일은 무엇이 있을까?

23
유머

유머라는 단어를 들어 본 적 있니?

아이를 위한 기도

슬프고 우울할 때, 힘이 없고 지칠 때, 어려움을 겪고 있을 때라도 유머를 가진 사람은 그것들에 굴하지 않고 극복할 수 있는 긍정의 힘이 생깁니다.

따스한 위로의 말도 중요하지만, 상대방에서 웃음을 선사하는 그것만큼 좋은 일도 없습니다.

어떤 순간에도 유머와 위트가 넘치는 사람은 곤란한 일을 잘 풀어나갈 수 있습니다.

유머를 잘 이용하여 자신의 삶에 활력이 넘치게 하시고 친구에게 가족에게 웃음을 선물하는 아이가 되게 해주세요.

아이 주변에 유머가 넘치는 사람들이 많게 하셔서 그들을 본받아 아이가 어려울 때일수록 미소를 잃지 않고 유머의 힘을 발휘하게 해주세요.

농담을 적절하게 사용할 수 있는 아이가 되게 해주세요.

때와 장소, 시간과 상대방을 고려하며 농담을 할 수 있는 아이가 되게 해주세요.

남의 단점을 꼬집어 웃음을 주는 유머는 하지 않게 하시고 상황을 뒤집을 수 있는 해악을 아는 아이 되게 해주세요. 불만과 불평으로는 아무것도 해결할 수 없다는 것을 알게 해주세요.

남을 설득할 때에도 집요한 태도를 보이는 것이 아니라 유머로 접근할 수 있게 해주세요.

비판해야 할 일이 있더라도 둘러서 표현할 수 있는 부드러움을 주시고 웃음이 번지는 순간으로 결과를 만들 수 있는 아이가 되게 해주세요.

다른 친구들을 웃게 하는 아이가 되게 하시고 웃음을 주고받을 수 있는 멋진 친구들을 가진 아이가 되게 해주세요.

스스로 즐거움을 만들어 항상 행복한 아이가 되게 해주세요.

불행한 마음을 걷어주시고 불행한 일도 비껴가게 하시되 때에 따라 필요에 따라 고통과 고난의 순간 실패의 순간이 왔을 때라도 유머로 웃을 수 있는 역량 있는 아이로 자라게 해주세요.

농담과 진담을 구별할 수 있게 하시고 조롱과 비난에서 지켜주소서.

의미 없는 농담 따먹기를 하는 것이 유머라고 생각하지는 않게 하시고 항상 미소가 가득한 얼굴을 가진 아이가 되게 해주세요.

아이를 웃게 하는 부모가 되길 바랍니다.

정색하는 얼굴보다는 웃음 띤 얼굴을 더 많이 보여 주게 하시고 비난과 질책을 하기보다는 상냥함으로 훈계할 수 있는 부모 되게 해주세요.

어려움을 웃음으로 이겨낼 수 있는 유머를 가진 부모가 되게 해주세요.

스스럼없는 농담으로 아이와 더 친해질 수 있는 부모 되게 해주세요.

아이들의 농담과 어른들의 농담이 다름을 알게 하시고 순수한 아이들의 거친 농담에도 글자 그대로 받아들이지 않는 여유로움과 이해심을 가질 수 있게 해주세요.

지친 하루 동안 남을 웃게 만드는 사람이 되도록 노력하게 해주세요.

주위에 그런 사람들이 더 많아지게 해주세요.

불평하고 남의 탓만 하는 냉소적인 사람과의 관계를 끊어낼 수 있는 능력을 주시고

좋은 사람들과 좋은 관계를 맺는 부모가 되게 해주세요.

아이와 함께 미소로 하루를 시작하고 웃으면서 하루를 마칠 수 있는 부모 되게 해주세요.

예수님의 이름으로 기도드립니다. 아멘.

넌 어떻게 생각해?

1. 농담과 거짓말을 차이는 뭘까?
2. 유머러스 한 사람은 어떤 사람일까?
3. 심각한 상황에서 유머로 좋은 결과는 만드는 건 어떤 의미일까?
4. 미소로 하루를 시작하려면 부모는 무엇을 해야 할까?

혹여나 내가 교통사고가 나면 어떻게 될까?

아이를 위한 기도

부모로서 항상 걱정되는 것은 아이의 안전입니다.

학교에 가더라도 학원에 가더라고 아이가 안전한지 집에 아이가 혼자 있어도 안전한지 부모는 늘 걱정되고 마음이 쓰입니다.

이런 부모의 마음을 아는 아이가 되게 해주세요.

차를 보면 자동차에 사고가 날까 걱정이 되고 건널목을 건너는 아이들을 봐도 사고가 날까 걱정이 되고 등산을 하는 사람들을 봐도 걱정이 되고 수영을 하는 아이들을 봐도 부모는 걱정이 되는 이 불안한 마음을 아이가 알게 해주세요.

아무것도 하지 말라는 것은 아닙니다.

다만 아이가 안전하게 행동하기를 원합니다.

사고는 언제나 일어날 수 있지만, 장소를 떠나 아이의 산만한 행동을 막아주소서.

사고는 예상할 수 없다는 것을 알게 하시고 항상 조심하는 아이가 되게 해주세요.

위험한 곳에서 함부로 뛰어다니지 않는 아이가 되게 해주세요.

위험한 일인 줄 알면서도 호기심에 한 번쯤이야 하고 생각하지 않게 해주세요.

친구의 꾐에 빠져 하면 안 되는 일에 동참하지 않게 하시며 "안 돼."라고 확실하게 이야기할 수 있는 결단력과 용기 있는 아이가 되게 해주세요.

항상 차를 조심하고 안전모를 쓰고 자전거를 탈 수 있게 해주세요.

나 혼자 안전하게 행동한다고 해서 사고가 일어나지 않는다고 착각하지 않게 하시며 주위를 살피며 안전한 행동을 하는 아이가 되게 해주세요.

위험한 행동을 스스로 절제할 수 있게 하시고 다른 사람이 한다고 해서 따라 하지 않게 해주세요.

위험한 일이 생겼을 때는 숨기지 말고 부모에게 정직하게 이야기할 수 있는 아이가 되게 해주세요.

거짓말을 또 다른 거짓말을 만들어야 한다는 것을 깨닫게 하시고 정직한 아이가 되게 해주세요.

부모를 위한 기도

부모는 아이가 다칠까 항상 염려되고 걱정되고 두렵습니다.

이런 부모의 마음에 주님이 주시는 평안을 주소서.

집안에서도 아이에게 위험한 환경이 무엇인지 늘 먼저 생각하는 부모가 되게 하시고 혹여나 나의 잘못으로 아이의 몸과 마음이 상하는 일이 절대 일어나지 않게 해주세요.

안전 염려증에 항상 불안해하는 부모의 마음을 다스려 주셔서 아이를 믿을 수 있게 해주세요.

내 아이가 어떠한 위험한 환경에 처하지 않게 해주시고 그런 고통은 제발 저를 피해가게 해주세요.

항상 안전하게 운전하는 부모가 되게 하시고 항상 안전하게 길을 건너는 부모가 되게 하시고

항상 안전하게 가정을 이끄는 부모가 되게 해주세요.

아이가 보고 있지 않더라도 항상 안전에 힘쓰는 부모가 되게 하셔서 어떠한 불의의 사고나 위험에 빠지지 않게 그래서 사랑하는 내 아이와 헤어지는 일이 없도록 아이의 안전뿐 아니라 부모 자신의 안전에도 늘 유의하는 부모가 되게 해주세요.

예수님의 이름으로 기도드립니다. 아멘.

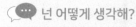 넌 어떻게 생각해?

1. 내가 잘못 하지 않아도 생기는 사고는 어떤 것이 있을까?
2. 친구들이 하는 일은 다 안전한 일일까? 따라 해도 될까?
3. 아무 일이 일어나지 않았다고 해서 다음에도 안전할 수 있을까?
4. 건널목은 꼭 필요한 것일까?

25
긍정

식물을 말로 죽일 수 있을까?

물을 떠놓고 "착하다." "맛있다." 긍정의 힘을 불어넣어 주면 건강한 물이 됩니다.

말 못 하는 식물에 "못생겼다." "나쁘다." 부정의 말을 해주면 곧 죽고 맙니다.

상황은 같아도 긍정적인 말과 행동은 모든 것을 바꾸어 놓습니다.

긍정의 힘은 모두가 가진 무기이지만 사람들은 그 기술을 모르고 지나쳐 버립니다.

모든 일에 긍정적으로 생각하고 행동하는 아이가 되게 해주세요.

아이 스스로 생각하는 강해지길 바랍니다.

옳고 그름을 잘 파악해서 바른 생각으로 단단한 마음을 가진 아이가 되게 해주세요.

자신을 사랑하는 마음으로 남을 사랑하고 선한 눈으로 다른 사람을 바라볼 줄 알고 나쁜 일을 만났더라도 부정적인 생각을 떨쳐내고 그 속에서도 긍정적인 면을 발견해 내는 능력이 있는 아이가 되게 해주세요.

다 잘될 것이라는 믿음과 희망을 품게 하시고 해도 안 된다고 생각하는 일이 있을지라도 그 마음이 눈 녹듯이 사라지게 하시고 노력하면 더 나아질 수 있다는 확신을 가진 긍정적인 아이가 되게 해주세요.

항상 웃음을 머금고 밝은 표정으로 긍정적인 아이로 성장할 수 있게 해주세요.

남 탓을 하지 않게 하시고 남의 잘못을 들춰내지 않는 아이가 되게 해주세요.

남의 말을 쉽게 옮기는 아이가 되지 않게 하시고 나쁜 소문의 중심에 서지 않게 해주세요.

자신감이 가득 차 있되 자만하지는 않는 아이가 되게 하시고 우쭐대거나 자랑하고 잘난 척하기보다는 겸손하게 행동하는 아이가 되게 해주세요.

모든 사람은 나를 도와주는 좋은 사람들이라는 생각을 하게 하시고 긍정적 경험을 많이 할 수 있는 기회를 주세요.

아이의 판단이 미숙하더라도 믿고 기다릴 수 있는 부모가 되길 바랍니다.

긍정적인 마음으로 아이를 바라볼 수 있는 부모가 되게 하소서.

아이를 존중하는 마음을 가져서 아이의 존경을 받는 부모가 되게 해주세요.

아이에게 화를 내거나 찌푸리고 피곤한 표정, 부정의 힘으로 아이를 슬프게 하지 않게 하시고

축복 된 말, 긍정의 언어를 멈추지 않고 아이에게 하는 긍정적인 부모가 되게 해주세요.

노력하는 모습을 항상 보이며 실패에 좌절하지 않는 모습으로 긍정적인 부모 역할을 잘 소화해 낼 수 있게 해주세요.

아이가 내 옆에 있음을 감사하고 아이로 인해 자신의 성장에 눈을 뜨고 기뻐하는 부모가 되게 해주세요.

믿음직한 부모가 되어 긍정에너지를 매일 줄 수 있게 해주세요.

남들과 전화통화를 할 때도 아이를 생각하게 하시고 나의 부정적인 언어를 본받지 않게 항상 조심하는 부모가 되게 해주세요.

오늘 하루도 최선을 다해 어제보다 더 멋진 아이가 되었음에 감사하고 감사를 표현하는 부모가 되게 해주세요.

오늘 하루도 최선을 다해 어제보다 더 멋진 부모가 되었음에 축복을 내려주소서.

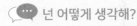

넌 어떻게 생각해?

1. 식물이 사람의 말을 이해 할 수 있을까?
2. 말과 생각이 긍정적이면 더 좋은 결과가 생길까?
3. 남의 말을 쉽게 옮긴다는 말은 무슨 뜻일까?
4. 부모가 하는 긍정의 말과 부정의 말은 어떤 게 있을까?

생각이 중요하다고 하는데 왜 그럴까?

아이를 위한 기도

사람은 끊임없이 생각하고 살아갑니다.

좋은 생각을 하는 사람은 좋은 사람입니다.

나쁜 생각을 하는 사람은 나쁜 사람입니다.

좋은 생각을 해도 나쁜 행동을 하는 사람은 용감하지 못하고 정직하지 못한 사람입니다.

좋은 생각을 하고 좋은 행동을 하는 좋은 아이가 되게 해주세요.

아무런 생각없이 핸드폰만 들여다 보지 않게 해 주세요.

나쁜 생각과 행동을 일삼는 나쁜 친구들과 함께하지 않게 하시고 유혹되는 일이 있더라도 호기심이 생기는 일이라도 나쁜 생각과 나쁜 행동이라면 "안 돼."라고 말할 수 있는 용기를 가진 아이가 되게 해주세요.

약속을 지키지 않는 사람들 신뢰할 수 없는 친구들과의 관계를 정리할 수 있는 아이가 되게 해주세요.

깊은 생각을 하고 행동을 하는 아이가 되게 해주세요.

이것이 꼭 필요한 것인가? 나에게 도움이 되는가? 결정을 내리기 전에 한 번 더 생각하게 해주세요.

유혹이 오더라도 신중하게 생각하고 행동하는 아이가 되게 해주세요.

나쁜 것은 끊어낼 수 있는 결단과 용기 있는 아이가 되게 해주세요.

생각은 습관을 만들어 내는 가장 기본이 되는 것을 알게 해주세요.

좋은 생각으로 좋은 습관을 지니면 좋은 사람이 될 수 있다는 것을 아는 아이가 되게 해주세요.

좋은 생각은 좋은 책을 많이 읽으면 됩니다.

좋은 행동은 좋은 친구를 사귀면 됩니다.

나에게 재미를 주는 책도 좋지만, 도서관에서 추천해주는 좋은 책을 읽을 수 있는 자세를 주시고 나에게 즐거움을 주는 친구도 좋지만 남이 보지 않는 곳에서도 남에게 모범이 되는 행동을 하는 친구를 사귈 수 있는 아이가 되게 해주세요.

모두가 그렇게 생각한다고 해서 그것이 좋은 생각이 아님을 알게 하시고

모두가 그렇게 행동한다고 해서 그것이 바른 행동이 아님을 알

게 하셔서

분별력 있고 모범이 되는 무엇보다 주님이 기뻐하는 아이가 되게 해주세요.

부모를 위한 기도

아이를 잘 키우기 위해 생각하는 부모가 되게 해주세요.

부족한 부모라고 자신을 스스로 자책하지 않게 하시고 더 나은 부모가 되는 길에 집중하게 해주세요.

나의 짧은 생각을 아이가 보고 배우고 있다는 것을 잊지 않게 해주세요.

걱정과 근심의 부정적인 생각을 접게 하시고

긍정적이고 건설적인 생각을 하는 부모가 되게 해주세요.

생각하는 것으로 그치는 것이 아니라 행동하는 부모가 되게 해주세요.

아이를 위한다는 이유로 아이가 나의 소유라고 착각하지 않게 하시고 하나의 인격체로 존중할 힘을 주소서.

내 생각이 잘못되었다면 누구에게든 특히 아이에게 언제든 사과하고 용서를 구할 수 있는 부모가 되게 하시고 나의 잘못된 생각때문에 아이가 상처받는 일이 없도록 해주세요.

깊이 사고하고 행동하는 부모의 모습을 보고 아이가 성장할 수 있게 해주세요.

예수님의 이름으로 기도드립니다. 아멘.

💬 넌 어떻게 생각해?

....

1. 깊이 생각한다는 뜻은 무슨 뜻일까?
2. 깊이 생각 한 다음 해야 할 일은 무엇일까?
3. 모두가 행동한다고 해서 좋은 행동이 아니라는 말은 어떨 때 할 수 있을까?
4. 부모의 생각이나 행동이 잘못되었는데 부모가 너에게 사과하지 않았다면 분명 내가 잊고 못 한 것일 텐데, 혹시 생각나는 게 있으면 한번 이야기해 줄래? 부모는 너에게 진심으로 사과하고 싶어서 묻는 거야.

큰 레고를 만드는 데 제일 중요한 건 무엇일까?

아이를 위한 기도

건물은 하루아침에 만들어지는 것이 아닙니다.

멋있는 물건일수록, 가치 있는 것일수록, 만들어지는 과정이 더 길어진다는 것을 알게 해주세요.

눈 깜짝할 사이에 이루어진 것은 결코 오래 가는 것이 아니라는 것을 알게 해주세요.

학생이라면 학생으로서 최선을 다하는 것이 기본이라는 것을 알게 해주세요.

매일매일 지겹고 같은 생활을 하는 것에 불평하지 않게 해주세요.

무슨 일을 하든지 정성을 다하는 것이 성실함입니다.

성실한 아이가 되게 해주세요.

하고 싶은 일만 정성을 다하는 아이가 되지 않게 하시고 하고 싶지 않은 일이라도 해야 하는 일이 있다면 정성을 다하는 아이가 되게 해주세요.

자기 일을 성실하게 하고 난 뒤에 즐거운 일을 찾을 수 있는 아이가 되게 해주세요.

지금 해야 하는 일에 집중하는 아이가 되게 하시고 즐거움과 재미를 위한 일에만 빠지지 않게 해주세요.

사탕이 아무리 달콤하고 맛이 있더라도 사탕만 먹고 하루 이틀 일주일 한 달을 살 수 없다는 것을 깨닫게 해주세요.

하기 싫은 일이라도 하지 않게 되면 큰 어려움이 닥칠 수 있다는 것을 알게 해주세요.

일등을 하는 사람이 훌륭한 사람이 아니라 내가 해야 하는 일을 묵묵히 해 나가는 사람이 더 훌륭한 사람임을 알게 해주세요.

정성을 다해 학교에 다니는 아이가 되게 해주세요.

정성을 다해 학원숙제를 마치는 아이가 되게 해주세요.

정성을 다해 집안일을 돕는 아이가 되게 해주세요.

정성을 다해 가족을 위하고 친구를 위하는 아이가 되게 해주세요.

성실한 사람은 처음엔 속도가 느릴 수도 있지만 결국 성공하는 사람이 된다는 것을 알게 해주세요.

하고 싶지 일을 먼저 하고 나면 그 이후에는 하고 싶은 일만 남는다는 것을 아는 아이 되게 해주세요.

정성을 다해 식사를 마련해주는 부모가 되게 해주세요.

정성을 다해 아이의 안부를 묻고 아이의 행복을 위해 노력하는 부모가 되게 해주세요.

일등이 되라고, 최고가 되라고 다그치지 않는 부모가 되게 해주세요.

아이가 바라는 것이 무엇인지 알게 하시고 그 꿈을 결코 작거나 보잘것없다고 여기지 않는 부모가 되게 해주세요.

아이의 정성이 부족할지라도 무시하거나 타박하지 않고 기다릴 수 있는 부모가 되게 해주세요.

나의 정성과 아이의 정성에 차이가 있다는 것을 알고 내 기준으로 아이의 정성을 무시하지 않도록 해주세요.

아이를 위해 정성껏 기도하게 하시고 나의 삶을 위해 나의 가정을 위해 정성을 들여 노력하는 부모가 되게 해주세요.

예수님의 이름으로 기도드립니다. 아멘.

넌 어떻게 생각해?

1. 정성을 다한다는 건 무슨 뜻일까?
2. 가치 있는 것 중, 만들어지는 과정이 오래 걸리는 것은 무엇이 있을까?
3. 네가 하고 싶지 않은 일인데 정성을 다해서 해야 하는 일이 있을까?
4. 부모가 너에게 어떤 정성을 기울였을 때 가장 행복을 느끼는지 이야기해 줄해?

모두에게 사랑받는 아이의 비결은 무엇일까?

아이를 위한 기도

예의 없는 아이는 모두가 싫어합니다.

예의 바른 아이는 모두가 좋아합니다.

예의 있는 아이가 되게 해주세요.

어른들에게 인사를 잘하는 아이가 되게 해주세요.

누구에게나 언제나 상냥하고 밝게 웃을 수 있는 아이가 되게 해
주세요.

남이 싫어하는 말이나 행동을 하여 남에게 상처를 주지 않게 하
시고

아이가 듣고 싶어서 하는 말이나 받고 싶은 행동을 먼저 할 수
있는 아이가 되게 해주세요.

어른들에게 높임말을 쓰는 아이가 되게 하시고

모르는 사람들이라고 함부로 하거나 혹여나 욕을 쓰지 않도록

하게 해주세요.

친구와 가까운 사람들에게는 더욱더 예의를 지켜야 한다는 것을 알게 하시고 실천하는 아이 되게 해주세요.

자기보다 나이가 많은 사람에게만 예의 있게 행동하는 것이 아니라 동생들과 친구에게도 예의 있게 행동하는 아이가 되게 해주세요.

어른에게는 짧게 말하는 것이 예의에 어긋난다는 것을 알게 해주세요.

바른말을 하되 상대방의 기분과 상황에 맞게 할 수 있게 하시고 시기가 적절하지 않다고 생각되면 입을 다물 수 있는 현명함을 가진 아이 되게 해주세요.

말의 내용보다 말을 전달하는 방식이 더 중요하다는 것을 알게 하시고

공손한 말씨, 부드러운 말씨, 상냥하고 친절한 말씨를 가진 아이가 되게 해주세요.

거절할 때도 부드럽고 상냥하게 하는 아이가 되게 해주세요.

불만을 말할 때도 화를 내지 않고 침착하게 이야기할 수 있는 아이가 되게 해주세요.

"감사합니다." "죄송합니다."라는 표현을 잘 쓰는 아이가 되게 해주세요.

"사랑합니다." "존경합니다."라는 표현을 부끄러워하지 않고

쓰는 아이가 되게 해주세요.

자신의 기분을 알리되 남의 기분을 상하게 하지 않는 방법을 찾게 하시고

지혜롭게 상황을 넘길 수 있는 아이가 되게 해주세요.

부모를 위한 기도

밝은 표정을 가진 아이는 잘못되는 일이 없습니다.

아이의 밝음을 지켜줄 수 있는 부모가 되게 해주세요.

밥상머리 예절, 남의 집을 방문했을 때의 예절을 가르치는 부모가 되게 해주세요.

예의 없음을 나무라지 마시고 부모가 먼저 아이에게 예의를 지키게 해주세요.

외모를 보고 사람을 판단하지 않게 하시고

지위나 신분의 높고 낮음으로 사람에게 대하는 것이 달라지지 않는 부모가 되게 해주세요.

모든 사람을 공평하게 대하는 부모가 되게 해주세요.

식당 종업원에게도 친절하게 하시고 경비원 아저씨나 청소하시는 아주머니에게도 먼저 "감사합니다." "수고가 많으십니다." 라고 고개 숙여 인사하는 부모가 되게 해주세요.

세상에서 큰일을 하는 사람에게 더 친절하고 작은 일을 하는 사람을 우습게 보지 않게 해주세요.

예의는 가정에서 출발한다는 것을 깨닫게 하시고 이중적인 부모가 되지 않게 해주세요.

아이에게 가르치고 싶은 것을 몸소 실천하는 부모가 되게 해주세요.

예의가 바르다는 칭찬을 듣는 부모가 되게 해주세요.

예의가 무엇인지 보여 주고 알려주며 실천으로 가르칠 수 있는 존경받는 부모가 되게 해주세요. 예수님의 이름으로 기도드립니다. 아멘.

 넌 어떻게 생각해?

1. 인사를 잘 하는 아이는 모두가 좋아할까?
2. 가까운 사람에게 더 예의를 지켜야 하는 것이 맞을까?
3. 부끄러워서 감사하다거나 미안하다고 이야기하지 못한 적이 있니?
4. 어떨 때 부모가 예의 있다고 생각되니?

〈하브루타〉 한국에서 돌풍을 일으킨 하브루타

하브루타는 '유대인의 교육법'이라고 해서 한국에서 아주 유명해졌습니다. 질문의 힘에서 발휘될 수 있는 창의성이야말로 21세기에 사는 우리에겐 꼭 갖춰야 할 중요한 능력이 되었지요. 더구나 4차 산업혁명, 미래사회를 준비해 나가면서 분명 화두가 되는 것이 사실입니다만 유독 왜 우리나라에서만 이렇게 기도 하브루타 열풍이 불고 있는 걸까요?

바로 현재 우리에겐 눈 씻고 찾아볼 수 없는 문화이기 때문입니다. 제가 하브루타를 아이를 위한 좋은 교육법이라고 발견하고 유레카를 외친 이유도 마찬가지입니다.

일제강점기동안 우리 민족은 나라를 잃고 목숨을 잃고 자유를 잃고 질문하는 힘을 잃었습니다. 우리민족의 우수성을 무너뜨리고 없애기 위해 일본군은 어떠한 파렴치한 짓도 서슴치 않았습니다. 우리 민족이 똑똑해질수록 일본은 식민지를 유지시킬 수 없었겠지요. 그래서 일방적인 교육이 시작되었고 '왜?'라는 질문 자체가 금기시 여겨졌습니다. 그래서 유독 우리나라에서는 질문하는 것이 무례하고 배려 없는 사람이 하는 것이라는 문화가 생긴게 아닐까 하고 추측해 봅니다.

하지만 제가 다녀본 수많은 나라에서는 그렇지 않더군요. 궁금한 것이 있으면 바로 손을 들어 질문하고 대화하고 토론하죠. 무엇을 하라고 하면 아이들은 왜냐고 부모나 교사에게 직접 물어봅니다. 그것이 예의에 어긋난다고 그들을 생각하지 않았습니다.

아이를 인격적으로 대하는 문화를 보면서, 그들에게도 분명 상하관계는 있었지만 각 개개인이 평등한 존재로서 서로를 참 존중하고 있구나 하는 깊은 인상을 받았습니다.

과연 정말 선생님의 말씀과 어른들의 말씀은 틀린 것 하나 없는 사실일까요? 비판적인 사고 없이 어떠한 여과장치 없이 그대로 다 흡수해도 되는 걸까요? 유교사상이 가득하고 동방예의지국이라는 나라이기에 우선 그렇다고 해 봅시다.

그렇다면 신문과 언론에서 다루는 모든 이야기들도 정치하시는 높은 어르신들의 말씀도 비판적 사고없이 다 믿고 받아들여야 하는 걸까요? 게다가 어른들의 말을 잘 듣게 한 교육은 어떤 결과를 낳았을까요?

속상한 일들이 벌어졌습니다. 그래서 더욱이 우리에겐 -유대인의 하브루타가 필요하다기보단- 질문을 귀하게 여기는 열린 마음, 그 질문을 들어주는 경청의 힘, 하나의 인격체로 아이를 대하고 평등한 관계에서 대화하는 유연한 자세가 필요하다고 생각했습니다. 하지만 그 모든 태도를 아우를 단어가 아직은 하브루타이더군요. 개인적인 생각으로 한국인의 하브루타를 지칭하는 단어와 문화와 태도가 하루빨리 만들어지고 정착되어져야만 한다고 생각합니다. 우리의 자녀를 위해서 건강하고 든든한 대한민국 미래사회를 위해서는 꼭 가져야 할 자세임에는 분명합니다.

한 줄로 요약하자면 하브루타는 '짝을 지어 질문하고 대화하고 토론하고 논쟁하는 것'을 이야기합니다. 토론과 논쟁이라는 다소 강하고 부정적인 이미지가 떠오르실 수도 있겠지만 그건 하브루타의 시작도 결과도 아닌 과정일 뿐이니 심각하게 받아들이지 않으셨으면 좋겠습니다.

그 시작은 분명 질문입니다. 좀 더 구체적으로 답이 없는 질문, 생각이 넓어지는 질문, 스스로 사고할 수 있게 해주는 질문이 하브루타의 시작이자 중심이라고 생각하셨으면 좋겠습니다. 좀 더 구체적이고 상세하게 알기를 원하시는 분은 전성수 교수님의《부모라면 유대인처럼, 하브루타로 교육하라》라는 책과 김혜경 선생님의《하브루타 부모수업》을 읽어 보시기를 권해 드립니다.

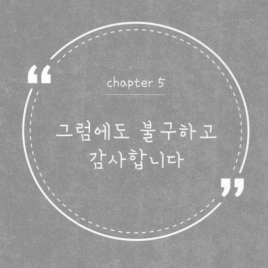

chapter 5

그럼에도 불구하고
감사합니다

칭찬은 고래도 춤추게 한다는데 정말일까?

아이를 위한 기도

칭찬은 사람을 행복하게 합니다.

칭찬은 고래도 춤추게 합니다.

칭찬만큼 달콤한 상은 어디에도 없습니다.

따뜻한 마음으로 남에게 자신에게 칭찬을 잘하는 아이가 되게 해주세요.

친구를 칭찬하기 위해 친구를 살필 수 있는 아이가 되게 해주세요.

남이 칭찬을 듣는다고 질투하고 시기하는 아이가 되지 않게 해 주세요.

칭찬을 먼저 하는 것이, 남을 인정하는 것이, 약자가 아님을 알 게 해주세요.

먼저 칭찬을 하는 것이 더 훌륭한 사람이라는 것을 알게 해주세요.

칭찬을 할 수 있는 사람이 더 큰 칭찬을 받을 수 있다는 것을 알

게 해주세요.

칭찬할 거리가 많은 친구와 어울리는 아이 되게 해주세요.

솔직한 마음으로 격려를 하는 것이 칭찬입니다.

아이에게 남을 먼저 칭찬할 수 있는 용기 있는 아이 되게 해주세요.

칭찬이 감사이며, 칭찬이 존중이며, 칭찬이 존경이며, 칭찬이 배려라는 것을 아는 아이 되게 해주세요.

남에게 칭찬받고 싶은 만큼, 남에게 먼저 칭찬할 수 있는 아이가 되게 해주세요.

칭찬받는 아이를 무작정 질투하거나 미워하지 않게 하시고 내가 먼저 좋은 말, 격려의 말, 따뜻한 말, 위로의 말을 할 수 있는 아이가 되게 해주세요.

칭찬 듣고 칭찬하기를 즐기는 아이가 되게 해주세요.

부모를 위한 기도

저는 칭찬에 인색한 부모임을 고백합니다.

인색한 나의 행동을 반성하고 더 자주 많이 칭찬하려고 노력하는 부모가 되게 해주세요.

내 아이에게 가뭄에 단비같이 귀중한 칭찬을 하루에 3번 이상할 수 있게 해주세요.

아이의 마음을 키우는 것은 칭찬이라는 사실을 깨닫게 하시고 칭찬을 연습하는 부모가 되게 해주세요.

칭찬할 때 건성으로 형식적으로 하지 않게 하시고

진심을 담아서 웃는 얼굴로 따뜻하고 상냥하게 칭찬하게 해주세요.

외모나 결과 지향적인 생각, 남의 시선을 의식하는 칭찬은 하지 않게 하시고

아이를 향한 비난의 목소리는 입 밖으로 나오지 않게 해주세요.

칭찬 100마디로 일구어 놓은 아이의 마음 밭을 한마디의 원망으로 망치지 않게 해주세요.

아이에게 칭찬 들을 수 있는 부모가 되게 해주세요.

아이에게 존경받을 수 있는 부모가 되게 해주세요.

아이의 잘못을 찾기보다는 아이에게 칭찬 거리를 찾으려고 노력하는 부모가 되게 해주세요.

부모가 아이에게 말을 하지 않아도 다 알 거라는 생각을 버리게 하시고

학교를 잘 다녀오는 것과 밥을 다 먹은 것과 스스로 숙제를 하는 것이

당연한 일이 아니라 칭찬해주고 격려해줘야 할 일이라고 생각하는 부모 되게 해주세요.

명령하지 않게 하시고 친절한 칭찬을 아이에게 하는 부모가 되게 해주세요.

최고의 채찍질과 최고의 당근이 칭찬이라는 것을 알게 해주세요.
스스로 하는 아이들의 공통점은 칭찬하는 부모라는 것을 깨닫게 해주세요.
칭찬과 격려와 축복의 말에 헤픈 부모가 되게 해주세요.
예수님의 이름으로 기도드립니다. 아멘.

💬 넌 어떻게 생각해?

1. 칭찬을 받으면 기분이 어때?
2. 친구에게 칭찬할 수 있을까? 구체적으로 어떻게 하는 것이 칭찬일까?
3. 부모에게 어떤 칭찬을 듣고 싶어?
4. 부모님에게 어떤 칭찬을 할 수 있을까?(부모도 너의 칭찬을 듣고 싶단다.)

신호등은 있는 게 좋을까?
없는 게 좋을까?

아이를 위한 기도

약속이 없다면 이 세상 사람은 모두 불행해집니다.

신호등도 서로 간의 약속이며, 재미있는 만화 시간도 서로의 약속입니다.

교통신호의 약속이 없다면 매일 사고가 나서 사람이 다치거나 죽게 됩니다.

학교 종이 울리는 시간이 없다면 학생들은 쉬는 시간 없이 공부만 해야 할 수도 있습니다.

약속을 잘 지키는 아이가 되게 해주세요.

신중하게 생각하고 약속을 하는 아이가 되게 해주세요.

지킬 수 있는 것만 약속할 수 있는 아이가 되게 해주세요.

기분에 못 이겨 쉽게 약속을 하지 않게 하시고 힘센 친구가 무서워 약속하지 않게 해주세요.

어느 경우라도 약속을 지켜야 한다는 생각하게 해주세요.

그러므로 약속을 하기 전에 깊이 생각하고 신중한 결정을 가지게 해주세요.

시간을 잘 지키는 아이가 되게 해주세요.

지각하지 않는 아이가 되게 해주세요.

남의 시간도 소중하게 여기는 아이가 되게 해주세요.

어렵고 힘들더라도 약속을 지킬 수 있는 아이가 되게 해주세요.

약속을 어겨서 친구들에게 신뢰를 잃지 않도록 하시고 거짓말쟁이가 되지 않도록 해주세요.

자기가 한 말에 책임을 지는 아이가 되게 해주세요.

쉽게 말을 뱉지 않게 하시고 말과 행동이 일치되는 아이가 되게 해주세요.

약속한 일에 대해서는 책임을 다하게 하시고 지키려는 노력을 보이는 아이 되게 해주세요.

약속을 지키지 않아 믿지 못하는 아이가 되어 친구들에게 버림을 받지 않게 하시고 부모에게 신뢰를 얻게 하셔서 부모가 간섭하거나 잔소리를 늘어놓는 일이 생기지 않게 해주세요.

컴퓨터나 핸드폰을 하기로 한 시간과 장소를 지킬 수 있게 하시고 마음대로 먼저 약속을 깨는 것이 부모가 아끼는 비싼 그릇을 깨는 것보다 더 심각한 일임을 아는 아이 되게 해주세요.

아이들과의 약속을 쉽게 하고 약속을 어긴 적도 많습니다.

생각 없이 그 상황을 모면하기 위해 약속을 한 적도 많습니다.

그런 적이 없다고 발뺌을 하거나 부인한 적도 있습니다.

용서를 구할 수 있는 용기를 허락하시고 약속을 중요성을 실천하는 부모가 되게 해주세요.

아이와 함부로 약속하지 않게 하시고

깨어진 약속으로 아이가 상처받았다면 그 마음을 위로하여 주소서.

어른들이 하는 인사치레는 아이들이 이해할 수 없습니다.

아이에게는 더 정확한 약속을 하는 부모가 되게 해주세요.

아이와 한 귀가 시간의 약속을 꼭 지키는 부모가 되게 해주세요.

놀러 가기로 한 것은 어떠한 일이 있어도 지키는 부모가 되게 해주세요.

직장에서만 칼 같이 약속을 지키는 것이 아니라 가정에서 더 확실하게 약속을 지키는 부모가 되게 해주세요.

코리안 타임에서 해방되게 하시고 조직의 문화를 바꿀 수 있는 부모가 되게 해주세요.

말과 행동이 일치하는 부모가 되게 해주세요.

아이와 약속을 한 일이 있으면 메모하는 습관을 지니고 잊지 않는 부모가 되게 해주세요.

예수님의 이름으로 기도드립니다. 아멘.

💬 넌 어떻게 생각해?

1. 신호등의 약속은 왜 생겼을까?
2. 신호등이 있어서 더 불편하게 되었을까? 더 편안하게 되었을까?
3. 약속을 지키지 않는 친구는 좋은 친구일까?
4. 부모가 너에게 한 약속 중에 지켜지지 못한 약속이 있다면 이야기해 볼
   까?(부모님은 아이의 말을 끊지않고 끝까지 잘 들어 주십시요. 어떤 설명이나 변명도
   하지 말고 끝까지 들어만 주십시요. 그리고 난 뒤, 아이에게 미안하다고 사과해 주시길
   부탁드립니다. 그것만으로도 충분합니다. 부모님의 자세가 적극적 경청이 분명하다면,
   아무런 설명 없이도 아이의 오해는 분명 풀릴 것이기 때문입니다.)

너의 오른쪽 팔과 왼쪽 팔이 다르면
어떻게 될까?

아이를 위한 기도

시소가 언제나 한쪽으로 기울어져 있으면 시소가 아니라 미끄
럼틀입니다.
태권도를 좋아한다고 해서 매일 태권도만 하면 사람은 쓰러지
기 마련입니다.
떡볶이가 맛있다고 해서 매일 떡볶이만 먹으면 병이 납니다.
균형 있는 아이가 되게 해주세요.
매일 놀면 평생 쓸모없는 사람이 된다는 것을 알게 해주세요.
매일 컴퓨터만 하면 중독이 되어 자신의 몸과 마음을 잃어버릴
수 있다는 것을 알게 해주세요.
하고 싶은 일만 하는 사람은 없다는 것을 깨닫게 하시고
아이가 하기 싫은 일이 있어도 해야 한다는 것을 아는 아이 되

게 해주세요.

모든 것은 지나치면 모자란 것만 못하다는 것을 알게 해주세요.

편식하지 않고 균형 있게 골고루 음식을 먹는 아이가 되게 해주세요.

한 아이와만 친하게 지내지 않고 균형 있게 다양하고 많은 아이와 두루두루 친구가 되게 해주세요.

좋아하는 과목만 열중하고 나머지는 포기하는 아이가 되지 않게 해 주세요.

잘하는 것이 있으면 당연히 못 하는 것이 있다는 것을 알게 하시고

못하는 것을 잘할 수 있게 노력하는 것도 균형을 맞추는 일이라는 것을 알게 해주세요.

친한 친구들과 어울려 친하지 않은 친구들을 무시하거나 험담하지 않게 하시고

나의 입장과 우리의 입장만 생각하지 않게 하시고

내 생각만이 옳다고 고집하지 않는 아이 되게 해주세요.

먹기 싫은 음식도 먹어 균형 잡힌 식단으로 건강한 몸을 가지게 하시고

하기 싫은 활동도 하여 균형 잡힌 감각으로 새로운 시각을 가지게 하시고

사귀기 싫은 사람과도 인사하며 균형 잡힌 생각으로 더 넓은 인

간관계를 맺는 아이 되게 해주세요.

적이 없는 아이가 되게 해주세요.

열린 마음 열린 생각으로 세상을 바라볼 수 있게 하셔서 남들이 보지 못하는 것들을 볼 줄 아는 아이가 되게 해주세요.

과거에서 미래가 온다는 생각을 가지게 하시고 오래된 것 낡은 것은 가치 없고 버려도 되는 쓸모없는 것이라는 생각을 하지 않게 해주세요.

부모를 위한 기도

일만 하는 부모가 되지 않게 해주세요.

직장에만 몰두하고 집안일을 소홀하게 여기는 부모가 되지 않게 해주세요.

피곤하다고 텔레비전만 보는 부모가 되지 않게 해주세요.

건강한 삶을 위해 균형 잡힌 식단과 균형 잡힌 생활을 해 나가는 부모가 되게 해주세요.

나의 시간과 에너지를 한 곳에만 몰입하지 않고 균형 있게 사용할 수 있게 해주세요.

나의 마음과 정성과 사랑을 균형 있게 사용할 수 있게 해주세요.

내 아이만 사랑하는 마음도 균형이 깨어지면 집착이라는 것을 깨닫게 해주세요.

내 아이만 생각하는 마음에서 남의 아이도 배려하는 마음을 가진 부모 되게 해주세요.

집중과 편중의 차이를 알게 하시고 열정의 쓰임도 고려해 볼 수 있는 부모 되게 해주세요.

한 아이만 더 사랑하지 않게 하시고 한 사람만 더 사랑하지 않게 해주세요.

아이의 삶만큼이나 균형 있게 부모 자신의 삶도 사랑하는 부모 되게 해주세요.

예수님의 이름으로 기도드립니다. 아멘.

 넌 어떻게 생각해?

1. 적이 없다는 것은 무슨 뜻일까?
2. 지나치면 모자라니만 못하다는 뜻은 어떤 일에 쓸 수 있을까?
3. 하고 싶은 일만 하고 먹고 싶은 것만 평생 먹으면 어떨까?
4. 부모가 일하는 시간이 너무 많다고 생각이 되니? 집에 있는 시간이 너무 많다고 생각되니?

네 친구가 소중한 것을
너에게 주었다면 기분이 어때?

아이를 위한 기도

무엇이든 베풀어 주면 나도 행복하고 상대방도 행복합니다.

베풀어 줄 수 있는 사람은 부자입니다.

너그러울 수 있으면 베풀어 줄 수 있습니다.

베풀고 봉사할 수 있는 아이가 되게 해주세요.

봉사는 내 것을 남에게 주는 것입니다.

나의 시간을 봉사할 수도 있고 나의 에너지를 봉사할 수도 있습니다.

다른 사람이 필요로 하는 것을 채워 줄 수 있는 봉사하는 아이가 되게 해주세요.

자신의 필요가 무엇인지 정확하게 하는 아이가 되게 하시고

가족이 필요한 것이 무엇인지 알고 행동하는 아이가 되게 해주

세요.

친구가 필요한 것이 무엇인지 찾아보는 노력을 하게 하시고

도움을 청하는 사람들에게 상냥하고 너그러운 마음으로 도와주는 아이가 되게 해주세요.

꼭 필요한 도움인지 아이를 이용하려는 나쁜 마음인지 판단할 수 있게 하시고

나쁜 마음에 이용당하거나 손해를 보지 않게 해주세요.

남을 돕는 행동이 얼마나 자신을 스스로 행복하게 하는지 아는 아이가 되게 해주세요.

봉사를 함으로써, 어려운 사람을 도움으로써, 아이가 성장할 수 있음을 깨닫게 해주세요.

도움을 주는 것이 받는 것보다 훨씬 더 멋있는 일이라는 것을 알게 해주세요.

봉사의 땀방울로 아름다운 아이가 되게 해주세요.

돈으로 가치를 매기는 세상만 중요하다고 생각하지 않게 하시고 가치 있는 일을 함으로 존경받는 아이가 되게 해주세요.

봉사활동을 하는 것이 봉사의 모든 것이 아님을 알게 해주세요.

돈보다 사람이 더 중요하다는 것을 아는 아이 되게 해주세요.

봉사를 생활화하는 부모가 되게 해주세요.

남을 돕는 것이 시간을 버리는 것이 아님을 알게 해주세요.

봉사 정신이 가득한 부모가 되게 해주세요.

가정에서 봉사함으로써 새 힘이 나게 하시고 가족에게 모범이 되는 부모가 되게 해주세요.

봉사하는 사람들로 인해서 세상이 더 따뜻해지고 살기 좋은 곳으로 변한다고 믿고 실천하는 부모가 되게 해주세요.

세상 어디에서나 도움의 손길이 필요하다는 것을 알게 하시고 그 시작이 나부터라고 실천하는 부모가 되게 해주세요.

대가를 바라지 않고 나의 것을 나누는 부모가 되게 해주세요.

줄까 말까 하는 마음이 아니라 너그러운 마음으로 베푸는 부모가 되게 해주세요.

나의 지혜를 나누어 주는 봉사를 실천하는 부모가 되게 해주세요.

남의 어려움과 고민을 열린 마음으로 들어주고 경청하는 부모가 되게 해주세요.

아이의 고통을 온 맘과 정성으로 받아들이고 걱정하고 염려하고 기도하는 부모가 되게 해주세요.

항상 아이에게 부드러운 목소리로 상냥함으로 미소로 대답하는 부모가 되게 해주세요.

이것이 아이에게 할 수 있는 최고의 봉사라고 생각하는 부모 되

게 해주세요.

주님이 말씀하신 이웃사랑의 기본을 잊지 않게 하소서.

예수님의 이름으로 기도드립니다. 아멘.

💬 넌 어떻게 생각해?

1. 네가 할 수 있는 봉사 중에 제일 작은 봉사는 어떤 것이 있을까?
2. 정말 돈보다 사람이 중요한 것일까? 왜 사람들은 돈 때문에 사람을 죽이는 걸까?
3. 도움을 핑계로 너에게 나쁜 행동을 하는 사람들도 있을까?
4. 부모로서 너를 돕고 싶은데, 너는 어떤 도움을 받고 싶니?

정말 모든 일에 돈이면 다 될까?

아이를 위한 기도

행복은 돈으로 살 수 없는 것입니다.

비싼 옷을 입고 비싼 음식을 먹어 행복해질 수는 있지만, 그것은 잠시 잠깐입니다. 그런 물질적인 부유함 때문에 사람은 평생 행복해지지 않습니다.

돈만 있다고 해서 행복해지는 것은 아닙니다.

돈이 있어서 생활이 편리해질 수는 있지만, 더 큰 행복의 원인은 돈에 있지 않습니다.

돈이 많아도 행복하지 못하는 사람은 세상에 아주 많습니다.

행복한 척하는 부자가 더 많습니다.

진정 마음에서 오는 평온함을 가진 행복한 아이가 되게 해주세요.

물질에 사로잡혀 돈과 행복을 관련짓지 않는 아이 되게 해주세요.

행복은 마음에서부터 시작된다는 것을 아는 아이 되게 해주세요.

모든 일에 감사하고 기뻐할 수 있는 마음을 허락하셔서 작은 일에도 감동하고 기뻐하고 즐거워하는 마음을 가진 아이 되게 해주세요.

남의 친절에 감사할 줄 알고 친구의 아픔에 함께 슬퍼할 줄 알고 이웃의 도전에 박수를 보낼 수 있는 성숙한 아이가 되게 해주세요.

무엇이 우선순위인지 알게 하시고 중요한 일부터 할 수 있는 아이 되게 하시고 잠시 잠깐의 기쁨을 위해 게임이나 술이나 마약이나 도박이나 나쁜 것들에 집중하지 않게 하시고 가까운 미래를 위해 살아가는 것이 아니라 5년 10년 뒤에 모습을 그리며 준비하는 아이가 되게 해주세요.

작은 것을 놓치지 않으려고 욕심부리다 큰 것을 잃지 않게 하시고 삶에서 꼭 필요한 것이 무엇인지 늘 생각하는 아이 되게 해주세요.

친절한 말씨와 태도로 남을 존중하게 하시고 그로 인해 서로가 행복하게 해주세요.

열심히 한 모든 일로 행복한 아이게 되게 하시고

실패하고 실수를 하더라 실수를 통해 더 많은 것을 배울 수 있다는 깨달음을 가지고 행복한 아이가 되게 해주세요.

나보다 많이 가진 자들을 보며 슬퍼하지 않게 하시고 때로는 배고파서 굶어 죽고 병들어서 아파 죽어가는 사람들도 있다는 것도 알게 하시어 내가 가진 것들에 더 감사하는 마음을 갖게 하소서.

갖지 못한 것 때문에 좌절하지 않게 하시고 이미 가지고 있는 많은 것들에 감사하며 만족하며 행복을 느끼는 아이가 되게 해주세요.

부모를 위한 기도

남과 비교하며 스스로 불행하다 느끼는 부모가 되지 않게 해주세요.

내 아이가 얼마나 사랑스럽고 자랑스러운지 알게 하시며 감사하고 또 감사할 수 있는 행복한 부모 되게 해주세요.

행복한 삶을 위해 꾸준히 운동하게 하시고 병들지 않게 몸 관리를 잘 하는 부모 되게 해주세요.

잡다한 일에 신경 쓰지 않게 하시고 중요한 것이 무엇인지 우선순위가 무엇인지 분명하게 아는 부모 되게 해주세요.

성적으로 행복을 매기는 시대가 아니라는 것을 깨닫게 하시고 아이의 성적에 일희일비하지 않는 부모 되게 해주세요.

행복한 자녀로 키우기 위해서 부모 스스로가 먼저 행복해야 함을 알게 해주세요.

오늘 하루도 아름답고 더없이 행복했다고 고백할 수 있게 하시고 더 행복한 내일이 되기 위해 노력하는 부모가 되게 해주세요.

유머 감각으로 아이를 행복하게 하시고 잔소리가 없는 부모 되게 해주세요.

아이가 무엇으로 제일 힘들어하는지 알게 하시고 끊어낼 수 있는 부모 되게 해주세요.

아이의 행복은 부모에게 달려있다는 것을 깨닫게 하시고 무엇으로 아이를 행복하게 해 줄 수 있는지 적극적으로 묻고 노력하는 부모가 되게 해주세요.

예수님의 이름으로 기도드립니다. 아멘.

 넌 어떻게 생각해?

1. 너를 더 가치 있게 하는 일 중에서, 가장 널 행복하게 하는 일은 무엇이니?
2. 돈만 있다고 해서 행복해 지지 않는다는데, 그럼 무엇이 있어야 행복해질까?
3. 행복한 사람이 되기 위해서는 행복한 마음이 우선일까? 행복한 일이 우선일까?
4. 부모로서 어떨 때가 제일 행복할 것 같아? 알아맞혀 볼래?

미래는 지금과 무엇이 달라질까?

아이를 위한 기도

창의성이 강조되는 사회에 살고 있습니다.

사람이 손수 해야 했던 분야에서 로봇이나 기계의 의존도가 높아지면서 사람들의 단순 일자리가 점점 줄어들고 있습니다.

예측 불가능한 미래를 준비해야 하지만 분명한 것은 창의적인 인간의 능력은 기계가 따라 할 수 없다는 것입니다.

상상하고 새로운 것을 만들어 나가기 위해서는 창의성이 필요합니다.

창의적인 아이가 되게 해주세요.

같은 것을 보아도 새로운 면을 볼 수 있게 하시고 같은 일을 하여도 새로운 방법으로 시도해 볼 수 있는 아이가 되게 해주세요.

호기심이 넘치게 하여 주시고 정보를 그냥 받아들이지 않고 왜라고 묻거나 비판적 시각으로 바라볼 수 있는 아이가 되게 해주

세요.

주어진 것을 그대로 수용하는 자세를 벗어나게 하시고 감각적인 사고를 표현하는 방법에 대해서도 능숙한 아이가 되게 해주세요.

아이의 생각과 의견을 표현 잘 하는 아이가 되게 하시고 아이디어가 가득하고 참신하고 새로운 생각이 넘쳐나는 아이 되게 해주세요.

궁금한 점이 있을 때 도움을 구할 수 있는 좋은 교사를 만나게 하시고 아이의 잠재된 창의성을 끌어 올리고 밖으로 표출시킬 수 있는 동기나 기회가 생기게 해주세요.

윽박지르거나 몰라도 된다고 생각하는 어른이나 친구를 만나지 않게 하시고 그런 것들은 네가 생각할 문제가 아니라고 단정 짓는 사람들이 주변에 없게 해주세요.

관심 분야가 생길 수 있게 하시고 관심 있는 분야에서 깊이 파고들 수 있는 사고력과 추진력을 가진 아이 되게 해주세요.

창의는 모방에서 나옵니다.

많은 것을 보고 듣고 접하는 과정에서 다양한 감각이 깨워질 수 있게 하시고 즐거움을 찾을 수 있게 하셔서 흥미가 생기도록 하게 해주세요.

궁금증이 생기면 그냥 지나치지 않게 하시고 이유를 알아낼 때까지 끈기 있는 탐구심도 갖는 아이 되게 해주세요.

아이는 언제나 창의적이었습니다.

하지만 부모가 그 능력을 키우지 못하고 없앴을지도 모릅니다.

반성하게 하시고 창의성을 다시는 짓밟아 없애는 부모가 되지
않게 하소서.

창의적인 아이를 원하면서도 이상한 행동을 하면 참지 못했습
니다.

아이에게 용서를 구하는 부모 되게 해주세요.

허용할 수 있는 범위가 너무 작아 아이와 부모 모두 힘들어했습
니다.

부모의 허용범위를 넓게 하시고 아이를 더 크게 이해하는 부모
되게 해주세요.

창의적인 아이를 원하면서도 일방적인 생각을 강요하고 새로운
시도를 꺼렸습니다.

한번도 시도해 보지 않던 새로운 방법으로 창의적인 방법으로
문제를 해결해 나갈 수 있는 지혜와 용기를 허락해 주세요.

창의적인 아이를 원하면서도 옛날 방식으로 공부 잘하길 원했
습니다.

부모가 가졌던 일반적인 욕심을 버리게 하여 주시내 아이를 객
관적으로 바라볼 수 있는 부모 되게 해주세요.

예수님의 이름으로 기도드립니다. 아멘.

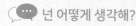 넌 어떻게 생각해?

1. 미래에는 창의성이 제일 중요할까? 아니라면 무엇이 중요할까?
2. 창의적인 사람이 되려면 보고 듣고 경험하는 것이 중요할까?
3. 호기심이 왕성해서 학교에서나 집에서 혼난 경험이 있니?
4. 부모가 하지 말라고 하는 것 중에서 정말 하고 싶은 일이 있을까? 두 가지만 이야기해 줄래?

세상에서 제일 중요한 것은 무엇일까?

아이를 위한 기도

세상이 울렁울렁합니다.

똑바른 생각을 가지고 사는 사람들보다 울렁울렁하는 생각하는 사람들이 많습니다.

유혹도 많아서 자칫 무엇이 바른 것이고 그른 것인지 알지 못하는 사회입니다.

때로는 이렇게 때로는 저렇게 상황에 따라 생각이 행동이 늘 바뀌게 됩니다.

법이 아무런 소용이 없을 때도 있고 도덕심이 바닥인 경우도 있습니다.

이런 세상에 살아가면서 아이가 바른 가치관을 가질 수 있기를 바랍니다.

나쁜 짓, 법에 어긋나는 일, 다른 사람이 피해를 보는 일, 사회정의에 위반되는 일을 돈 때문에 선택하지 않는 아이 되게 해주세요.

항상 인간을 먼저 생각하게 하시고 선한 마음으로 세상을 선하게 바라볼 수 있는 마음 가진 아이 되게 해주세요.

악한 사람을 만나서 이용당하거나 사기를 당하지 않게 하시고 그로 인해 세상을 너무 부정적으로만 보지 않게 팍팍하다고 느끼지 않게 해주세요.

돈이 많고 부자이고 능력이 있는 사람들이 가진 부함 만을 우러러보지 않게 하시고 세상을 위해 좋은 일을 하는 많은 사람과 함께 하게 해주세요.

돈이 모든 것을 해결한다는 생각을 하지 않게 하시고 돈이 세상에서 최고라는 생각도 하지 않게 해 주세요.

아이는 아이다워야 합니다.

순수하고 맑은 영혼 아이의 영혼을 지킬 수 있게 해주세요.

어르신에게 자리를 양보할 수 있는 마음을 주시고 어려움을 당하는 사람들에게 도움을 손길을 때에 따라 내밀 수 있는 아이가 되게 해주세요.

자기 것만 챙기려는 이기적인 아이가 되지 않게 하시고 더불어 사는 것이 인간관계 속에서 행복을 찾는 것이 가장 현명한 일임을 아는 아이 되게 해주세요.

공부 잘하고 힘세고 능력 좋고 소위 잘나가는 아이들만 친하게 지내려고 하는 아이가 되지 않게 하시고 누구든지 어디서든 차별하지 않고 다양한 인간관계를 경험할 수 있게 해주세요.

친구들 사이에서 외롭지 않은 아이 되게 하시고 도움을 주고받는 친구가 많은 아이 되게 해주세요.

남의 말을 쉽게 전하는 아이가 되지 않게 하시고 비밀을 잘 지키는 입이 무거운 아이가 되게 하시고

남의 잘못을 끄집어내기보다는 덮어 줄 수 있는 마음이 큰 아이가 되게 해주세요.

항상 남의 말에 경청하는 눈과 귀를 허락하여 주시고 무엇이 우선인지 늘 생각하는 아이가 되게 해주세요.

작은 이익 때문에 가치관이 흔들리지 않게 하시고 넓은 바다 같은 잔잔함을 주소서.

부모를 위한 기도

돈에 휘둘리지 않는 부모가 되게 해주세요.

세상이 어떻게 변할지 모릅니다.

부모가 가진 생각과 가치관이 바르다고 옳다고 증명되지 못합니다.

나의 어리석음과 무지함으로 아이가 상처받거나 불이익을 당하지 않게 해주세요.

아이의 특성을 객관적으로 판단할 수 있게 하시고 부모가 가진

잘못된 가치관을 아이에게 전달하지 않게 해주세요.

사람마다 생각이 다르고 가치관이 다르고 중요한 것이 다릅니다.

있는 그대로 아이를 인정하는 부모가 되게 해주세요.

부모와 아이의 생각이 같아야 한다고 생각지 않게 해주세요.

나의 무지함을 깨치게 하시고 바른 가치관을 가진 부모가 되게

해주세요.

예수님의 이름으로 기도드립니다. 아멘.

 넌 어떻게 생각해?

1. 세상을 위해 좋은 일은 하는 사람들은 어떤 사람들이 있을까?

2. 친구를 가려서 사귀어야 할까? 어떤 친구들과 사귀면 좋을까?

3. 우선순위를 가져야 하는 이유가 뭘까?

4. 너와 내 생각이 달라서 네가 속상했었던 적이 있으면 이야기해 볼까?

하브루타의 장점을 꼽으라면 수도 없이 많겠지만 제가 생각한 장점을 바로 이것 입니다. 하브루타와 함께라면 아이의 미래는 더 빛나게 될 것입니다. 너무 비약이 심한가요? 제가 왜 그렇게 생각하는지에 관해 좀 더 구체적으로 이야기 해 볼게요.

첫째로, 아이 스스로 공부할 수 있는 능력이 생깁니다.
하브루타에서는 자신의 말로 직접 설명할 수 있어야 진정 아는 것이라고 했습니다. 공부할 때도 자기 혼자서만 하는 게 아니라 짝이나 부모님께 설명하는 그 과정에서 자신이 무엇을 알고 있는지 모르고 있는지를 정확하게 파악할 수 있는 힘을 가질 수 있기 때문입니다. 모르는 것이 나왔다면 왜? 그런지 스스로 질문을 통해서 답을 찾아가게 됩니다. 그런 과정에 익숙하게 되면 스스로 공부할 수 있습니다. 스스로 학습법의 시작은 문제풀나 숙제가 아니라 호기심입니다. 수업 시간에 선생님께 궁금한 것이 있다면 질문하고 스스로 그 문제의 답을 찾아가는 과정속에서 아이는 성장합니다. 다른사람들에게 그것들을 설명하고 알려주는 과정속에서 아이는 또 성장합니다. 자기가 궁금해 했던 것을 알아가는 과정속에서 아이는 즐거움을 느끼며 진정한 배움의 참 맛을 알아가게 됩니다. 그러니 자연스럽게 스스로 공부하는 능력이 생깁니다.

둘째로, 하브루타를 통해서 자녀와 부모가 소통할 수 있습니다.
자녀들과 얼마나 대화를 하시나요?
라고 부모님들게 여쭤보면 적당히 할만큼은 한다고 하시더라구요.
그래서 저는 제가 수업하며 만나는 대부분의 초등학생 아이들에게 물어봤습니다.
"부모님이랑 집에서 대화 많이 해?"
"아니요."
"그럼 아무런 말도 안해?"
"그건 아니죠."
"그럼 부모님이 너희들한테 제일 많이 하는 말은 뭐야?"
다들 하나같이 이렇게 대답하더군요.
"숙제는?" "텔레비전 꺼." "핸드폰 내놔."
대답을 들으니 어떠세요? 아이들이 대답한 것들을 대화라고 할 수 있을까요? 사실 부모가 제일 쉽게 제일 많이 아이들에게 하는 말들은 대화가 아니라 명령이나 훈계에 가깝습니다. 하지만 하브루타를 하면 진짜 대화를 할 수 있습니다. 질문과 대화를 통해 서로의 속마음을 이야기할 수 있습니다.
"네 생각은 뭐니?"와 함께 "그럴수도 있겠구나."라며 주고받는 대화속에서 부모도 아이도 몰랐던 아이의 생각과 더불어 아이의 장점도 발견하게 됩니다. 사고의 깊이와 넓이가 남다른 아이로 키우는, 매일 매일이 더 유연해 지는 부모님 자신을 발견하게 됩니다.

마지막으로, 하브루타를 하는 아이는 분명 성공합니다.

우리 아이들이 살아갈 미래는 무엇으로 성공했다 할 수 있을까요? 미래사회에서는 학교의 졸업장으로 인정받는 것이 아니라, 암기시험 점수가 높다고 해서 취업이 잘되는 사회가 아니라, 새로운 생각이라는 강력한 무기, 즉 창의성과 더불어 설득의 기술이 필요합니다. 미래의 아이들은 시키는 일만 잘 해서는 성공할 수 없습니다. 우리가 커온 시대와는 다르게 인공지능과 싸워 살아남아야 하니까요. 하지만 정작 필요한 창의성과 설득의 기술을 공교육이나 사교육을 통해 배우기엔 한계성이 많습니다. 게다가 당장 눈에 보이는 성적이 아니기에, 당장 써야 하는 중요한 기술들이 아니기에 부모님들은 중요하게 생각하지 않으십니다.

하루아침에 창의성과 설득의 능력이 길러지고 만들어질까요? 절대 그럴 수 없겠지요. 그렇기 때문에 지금부터 가정에서 하브루타를 시작하셔야 합니다.

질문하고 대화하고 유연하게 생각하는 것이 생활방식이 되고 습관화 하는 것이 무엇보다 중요합니다. 이것들이 성공적으로 안착이 되려면 무엇보다 학부모님의 도움이 필요합니다. 깊은 생각의 시작은 꼬리에 꼬리를 문 질문이어야 하며 설득은 설득을 많이 해보는 경험이 있기에 가능한 일입니다. 이 모든 것을 하브루타를 통해 아이의 능력을 최대한 끌어올릴 수 있습니다.

chapter 6

주님,
우린 넘어집니다

내가 아플 때 네 마음은 어땠어?

아이를 위한 기도

세상에 태어나기 전부터 아픈 아이들이 참 많습니다.

아픈 아이들이 있는 병동에 병문안을 다녀왔습니다.

그 작은 팔뚝과 손등에 너무나 큰 링거 바늘이 꽂혀 있습니다.

아프다고 보채는 아이에게 부모는 해 줄 수 있는 게 많지 않았습니다.

아파하는 아이와 더 아파하는 부모님들을 위해 잠시 기도하는 마음을 가지게 해주세요.

더불어 우리 아이는 아픔의 고통을 피하게 하시고 몸도 마음도 건강한 아이가 되게 해주세요.

감기에 걸리지 않게 자주 손을 깨끗이 씻게 하시고 씻는 것과 깔끔한 상태에 있는 것을 즐기는 아이 되게 해주세요.

양치질을 잘 하여 이가 상하지 않게 하시고 치과에 다니면서 치

료로 고생하지 않게 해주세요.

큰 병이 생기지 않게 하시고 혹여나 큰 병이 생기기 전에 알게 하셔서 적절한 시기에 치료받게 해주세요.

아이가 부모 곁을 먼저 떠나는 일이 절대 없게 하시고 건강한 몸과 건강한 마음을 가지게 해주세요.

입에 맛있는 음식만 먹고 편식하여 비만으로 고통받지 않게 하시고 채소도 많이 먹어서 튼튼한 몸, 날렵한 몸을 가진 아이 되게 해주세요.

몸에 좋지 못한 음식은 가려 먹거나 가끔만 먹을 수 있는 절제함을 주시고 먹어보지 못한 음식에도 겁내지 않고 두려워하지 않고 맛을 보는 아이 되게 해주세요.

텔레비전만 보거나 책만 보거나 핸드폰만 하지 않게 하시고 집에만 머무르지 않고 바깥에서 친구들과 뛰어놀 수 있는 아이 되게 해주세요.

편식하지 않게 하시고 달고 짜고 매운 자극적인 음식이나 인스턴트에 빠지지 않게 해주세요.

음식에 욕심을 내지 않게 하시고 예의를 차리며 식사를 하는 아이가 되게 해주세요.

몸뿐 아니라 마음도 건강하게 해주세요.

남을 미워하고 질투하는 마음보다는 사랑하고 칭찬하고 격려하는 아이가 되게 해주세요.

뒤에서 남 욕하지 않게 하시고 맘에 안 드는 일이 있으면 앞에서 부드럽게 이야기할 수 있는 아이가 되게 하소서.

불안해하지 않게 하시고 불안한 것이 있으면 부모에게 상의할 수 있는 아이가 되게 해주세요.

언제나 부모가 아이에게 도움이 되길 바란다는 것을 잊지 않게 해주소서.

언제나 부모가 아이 옆에 있다는 것을 잊지 않게 해주소서.

아이의 마음이 튼튼해서 쉽게 슬퍼하거나 병약한 마음을 가지지 않게 하시고 나쁜 생각이나 결정을 내리지 않게 해주세요.

자신을 누구보다 사랑하는 아이 되게 해주세요.

부모를 위한 기도

건강한 아이를 건강하게 키울 수 있는 건강한 부모가 되게 해주세요.

아이의 몸만 신경 쓰지 않게 하시고 부모의 몸과 마음의 균형도 생각하는 부모 되게 해주세요.

건강한 육체와 건강한 정신을 가진 부모가 되어 아이에게 모범이 되게 해주세요.

체력이 떨어져서 아이에게 짜증을 내지 않게 하시고 나의 잘못된 식습관이 아이에게 그대로 가지 않도록 내가 먼저 고칠 수 있는 마음을 주소서.

호르몬이 나를 곤란하게 하더라도 정신을 바짝 차릴 수 있게 해 주세요.

나의 힘듦을 아이에게 전가하게 하지 마시고 건강한 몸과 건강한 마음을 가진 부모의 역할에 최선을 다할 힘을 주소서.

예수님의 이름으로 기도드립니다. 아멘.

💬 넌 어떻게 생각해?

1. 건강한 식습관은 무엇일까?
2. 건강한 몸이 먼저일까 건강한 마음이 먼저일까?
3. 건강한 마음을 위해서는 무엇이 필요할까?
4. 이유 없이 부모가 너에게 짜증을 낸 적이 있니?(체력이 떨어져서 그럴 경우가 생깁니다. 상황을 잘 설명해 주시고 진심으로 사과해주세요.)

너는 어떤 사람과 결혼하고 싶어?

아이를 위한 기도

함께할 사람을 만나는 것은 무엇보다 중요한 일입니다.

외모를 살펴서 사랑에 빠지지 않게 하시고 내면의 아름다움을 볼 수 있는 눈을 주소서.

우물 안 개구리가 되지 않게 하시고 더 멋진 이성을 만나기 위해 더 멋진 아이가 되게 해주세요.

자존감이 높은 아이가 되어서 자신을 먼저 사랑할 줄 아는 아이가 되게 해주세요.

이성 친구에게 휘둘리지 않게 하시고 감정이 이성을 앞서지 않게 조절할 수 있는 분별력을 가진 아이 되게 해주세요.

사랑하는 사람을 만나서 행복하게 하시고 행복한 연애와 더 행복한 결혼생활을 하게 해주세요.

나쁜 사랑은 상처 없이 지나가게 해주세요.

몸과 마음이 건강하고 책임감 있고 성실하며 맡은 일에 열정을 다할 수 있는 사람을 만나게 해주세요.

서로를 배려하는 마음을 바탕으로 올바른 가치관을 가진 사람과 사랑하게 해주세요.

설령 그 과정에서 상처를 받고 슬퍼할 일이 있더라도 견딜만한 힘을 주시고 그것이 평생의 상처로 남지 않도록 해주세요.

사랑받을 줄 알게 하시고 더 큰 사랑을 베풀 수 있는 아이가 되게 해주세요.

잘못된 사랑에 빠지지 않게 하시고 잘못된 사랑의 길로 빠지지 않게 해주세요.

누가 보아도 아름답고 고귀한 사랑을 하게 하셔서 두고두고 곱씹어도 아름다운 추억이 되는 사람을 만나게 해주세요.

동정이나 연민을 사랑이라 착각하지 않게 하시고 힘든 사랑은 멀리하게 해주세요.

천사 같은 아이 마음을 더욱 빛나게 하는 사랑을 알게 하시고 사랑의 유혹에 꾀임 당해 할 일을 멀리하거나 책임감 없는 삶을 살지는 않게 해주세요.

누구를 만나든 쉽게 만나고 쉽게 이별하지 않게 하시고 두루두루 친구로 만나면서 현명한 선택으로 이성 교제를 할 수 있는 경험을 허락해주세요.

찬찬히 상대를 살펴볼 수 있는 시간과 인내를 허락하시고 사랑으로 사랑하며 사랑받으며 세상에서 가장 행복한 아이가 되게 해주세요.

부모를 위한 기도

아이가 커 갈수록 아이와 부모는 점점 거리가 생깁니다.

사춘기가 되면 친구를 더 가까이 여기고 이성을 더 소중히 여기는 때도 있습니다.

새로운 짝을 찾아 부모를 떠나야 하는 순간도 있습니다.

이 모든 순간에 부모는 흔들리거나 슬퍼하지 않게 해주세요.

자식이 부모의 것이 아님을 알게 하시고 내 뜻대로 자식이 되지 않는다고 한탄하고 슬퍼하지 않게 해주세요.

세상에 내 맘대로 되지 않는다는 것이 세상 이치라는 것을 압니다.

자식 또한 내 맘 같지 않다고 그게 당연하다고 끊임없이 고백하고 인정하게 해주세요.

세상을 보면 사랑하는 연인끼리도 일어나선 안 되는 일이 많습니다.

그런 일이 아이에게 절대 일어나지 않게 하시고 서로 아끼고 보듬어 주고 주고 받는 사랑을 아끼지 아니하는 짝을 만나게 해주세요. 주님 품 안에서 사랑하게 해주세요.예수님의 이름으로 기도드립니다. 아멘.

넌 어떻게 생각해?

1. 혹시 좋아하는 사람이 있니? 아니면 널 좋아하는 사람이 있니?
2. 연애/결혼에 대해서 생각해 본적 있니? 어떤 사람과 하면 좋을까?
3. 두루두루 만나는 것이 좋다고 하는데 왜 그럴까?
4. 사랑받고 사랑을 주는 것과 비슷한 느낌은 어떤 느낌일까?

모든 일에 감사할 수 있을까?

아이를 위한 기도

세상에서 가장 강한 사람은 남을 힘으로 누르는 사람이 아닙니다.

감사하다고 먼저 인사할 수 있는 사람이 강한 사람입니다.

스스로 강하다고 인정할 수 없는 사람은 감사의 인사를 먼저 건넬 수 없기 때문입니다.

감사하는 마음으로 세상을 살게 되면 감사할 일이 더욱더 많아집니다.

감사하는 마음이 넘치면 감사할 일이 더 많아집니다.

감사가 많아지면 행복해집니다.

힘들고 지칠 때도 감사를 잃지 않게 하시고 즐거운 생각으로 어려움을 이겨 낼 힘을 가진 아이 되게 해주세요.

발표할 때는 자기 차례를 지킬 수 있는 인내를 허락하시고 다른 친구들의 순서를 지켜주고, 친구의 장점을 인정해 줄 수 있게 하시고 혼자만 잘났다고 떠들지 않는 아이 되게 해주세요.

남의 이야기를 경청할 수 있는 귀와 손과 눈을 가진 아이 되게
해주세요.

다른사람이 이야기를 할 때는 상대방의 눈을 지그시 바라보되,
딴생각을 하지 않게 하시고 손으로 딴짓하지 않게 하시고 다른
곳을 보거나 주의산만한 행동을 하지 않게 해 주세요.

어떤 이야기를 하든지 간에 집중할 수 있고 기다려 줄줄 아는
힘을 가진 아이 되게 하소서.

자기 생각과 다르다고 할지라도 인정할 수 있는 아이 되게 해주
세요.

잘못을 지적하기보다는 좋은 점을 찾아 칭찬해 줄 수 있는 아이
되게 해주세요.

친구들로부터 따돌림을 당하지 않게 하시고 친구들을 따돌리는
아이가 되지 않게 해주세요.

다른 아이들과 다른 이유로 인해 상처받거나 속상해하지 않게
하시고 나와 다르다는 이유로 친구들을 질투하거나 시기하지
않게 해주세요.

서로의 다름을 항상 인정할 수 있는 여유를 가진 아이 되게 해
주세요.

내가 가진 것에 감사하게 하시고 더 가지지 못함에 불평하지 않
는 아이 되게 해주세요.

작은 일에도 감사할 수 있게 하시고 사소한 일에도 감사할 수 있는 아이 되게 해주세요.

당연한 것을 당연하다고 받아들이지 않게 하시고 감사 할 수 있는 아이 되게 해주세요.

감사하는 삶이 습관이 되면 항상 행복해진다는 것을 알게 하시고 감사 할 일이 더 많이 계속해서 생겨난다는 것을 알게 해주세요.

내일의 태양은 언제나 아름답다고 생각하는 희망을 주시옵고 좌절보다는 기쁨과 감사로 하루하루를 살아갈 수 있는 아이 되게 해주세요.

부모를 위한 기도

감사하는 마음을 가진 부모 되게 해주세요.

아이가 잘 자라서 감사하고 아이가 무사해서 감사하고 아이가 어른답지 않아서 감사하고 아이가 아직 철이 덜 들어서 감사하게 해주세요.

같은 일에도 긍정적인 생각으로 바라보게 하셔서 감사할 수 있는 이유를 찾을 수 있는 부모 되게 해주세요.

감사하는 삶 속에서 더욱더 감사할 일이 생겨나게 하시고 감사와 내 삶이 동일 시 되게 하시며 이 삶을 아이와 함께 감사하며 행복하게 이어가게 해주세요.

범사에 감사하라고 하신 주님의 뜻대로 살기를 원합니다.
제게 감사할 힘과 능력을 주세요. 예수님의 이름으로 기도드립
니다. 아멘.

 넌 어떻게 생각해?

1. 감사하면 감사 할 일이 정말 또 생길까요?
2. 똑같은 일에 불평하기가 쉬울까요? 감사하는 것일 쉬울까요?
3. 행복의 기본 조건에 감사 일기를 쓰는 것이 있습니다. 왜 그럴까요?
4. 오늘 있었던 일 중 감사할 일을 3가지만 이야기해 볼까요?

미래가 너무 두렵지요?

나를 위한 기도

십 년이면 강산이 변한다는 말은 다 옛말입니다.

강산은 매년 매달 순식간에 변합니다.

아이가 태어난 지 엊그제 같은데 벌써 내 아이는 이만큼이나 성장했습니다.

나이에 따라 시간이 속도가 달라진다는 게 사실인가 봅니다.

이렇게 빨리 흘러가는 세월에 지난날을 돌아보고 앞날을 가늠해 봅니다.

나의 선택이 바른 것이었는지 내 생각이 옳은 방향으로 가고 있는지 이 나이가 되어도 아직 잘 모르겠습니다.

그런데도 아직 단단하지 못한 내 생각과 부족한 내 경험으로 아이를 옥죄고 있는 게 아닌지 되돌아봅니다.

세상이 이렇게 변할 것이라고 상상도 못 한 내가 세상이 어떻게

변할지 꿈도 꾸지 못하는 내가

감히 아이의 미래를 위해 이래라저래라 하는 것이 우스운 일일지도 모릅니다.

저에게 지혜를 허락하시고 아이에게 명철을 허락하셔서 앞으로 살아가는 시간 동안 더없이 행복할 수 있게 해주세요.

나의 무지함을 알게 하시고 끊임없이 공부하게 하시고 깨닫게 해주는 주님! 저에게 복을 주셔서 사람과 환경을 허락해주소서.

아이만 바라보는 삶이 아니라 내 삶도 챙기는 결단과 용기와 지혜를 주소서.

아이의 건강만이 아니라 내 건강도 신경 쓰게 해주세요.

아이의 미래를 위해 필요한 것은 아이의 성적보다는 부모의 행복이라는 것을 알게 해주세요.

내가 지금 행복하지 않으면 아이도 행복하지 않다는 것을 알게 해주세요.

아이가 지금 행복하면, 행복한 기억의 힘으로 내일을 살아간다는 것을 알게 해주세요.

아이가 지금 행복하지 않다면, 미래의 행복도 결코 아이의 것이 아님을 깨닫게 해주세요.

나의 행복을 위해 노력하는 부모가 되게 해주세요.

끊임없이 배우게 하셔서 배우는 아이들의 고통을 알게 해주세요.

우정과 신뢰로 가득한 사람들과의 관계 속에서 든든한 행복을 느끼게 해주세요.

나를 나만큼이나 신뢰하고 사랑하는 사람들을 만나게 해주세요. 그들의 대화 속에서 새 힘을 얻고 하루하루를 기쁨으로 살아가게 해주세요.

아이를 걱정하는 시간보다 아이를 위해 기도하는 시간을 허락하시고 맘에 늘 주님이 주시는 평안함을 얻게 해주세요.

나의 건강을 위해 운동하고 식습관을 신경 쓸 수 있게 해주세요.

나의 기분이 오락가락하지 않게 하시고 나의 감정으로 인해 다른 사람이 특히 가족이나 아이가 상처받지 않게 해주세요.

항상 기뻐할 수 있게 하시고 기뻐하는 능력으로 기뻐할 일이 더 많이 생긴다는 마음을 갖게 해주세요.

미소를 얼굴에 머금고 있어 밝은 얼굴이 되게 하시고 친절한 행동을 매일 하는 어른이 되게 하시고 남의 말을 자르지 않고 경청할 수 있는 능력을 갖추게 해주세요.

화가 나는 일이 있으면 호흡에 집중할 수 있게 하시고 긴 호흡으로 살아가게 해주세요.

항상 긍정적인 생각으로 범사에 감사하고 쉬지 말고 기도할 수 있게 해주세요.

예수님의 이름으로 기도드립니다. 아멘.

 **넌 어떻게 생각해?**

1. 나는 행복한 사람인가? 맞는다면 이유는? 아니라면 이유는?
2. 더 행복해지기 위해서 나는 무엇을 해야 할까?
3. 배우는 것과 행복해지는 것이 관계가 있을까?
4. 지난 한 달 동안 제일 행복했던 순간은 언제인가? 다음 달에도 일어나게 하려면 어떻게 할 수 있는가?

참 힘이 듭니다

나를 위한 기도

오늘 하루 사랑하는 내 아이와 어떤 대화를 했는지 돌아봤습니다.

대화라고 생각했는데 되돌아보니 −하라고 명령만 했었습니다.

아이와 대화다운 대화를 하고 싶습니다.

서로 대화하는 부모와 아이가 되게 해주세요.

저는 잔소리를 많이 합니다.

저의 잔소리는 아이에 대한 애정과 사랑의 표현이지만 아이는 오해하고 기분 나빠 할 때가 많습니다.

미리 자기 일을 스스로 잘 하면 그런 일이 생기지 않을 텐데 매일 반복됩니다.

그런데 기도를 하며 생각해 보니 저 또한 어렸을 때도 지금도 내 부모님의 잔소리를 끔찍이 싫어했습니다. 내 부모님의 잔소리로 내가 얼마나 잘 되었는지 생각해 보니 큰 도움이 되지 못함을 고백합니다.

잔소리해야 할 때 부모인 내 입을 다물게 해주세요.

해야 할 일이 무엇인지 아이가 모를 수도 있습니다. 스스로 적어 볼 수 있게 해주세요.

아이가 어려서 적을 수 없다면 부모가 그림을 그려서 잔소리를 줄일 수 있게 해주세요.

잔소리를 줄일 방법이 무엇인지 고민하고 발견하게 해주세요.

더 많이 아이를 안아줄 수 있는 부모가 되게 해주세요.

아이가 조금 더 크더라도 내가 벌린 팔을 무시하는 아이가 되지 않게 해주세요.

더 많이 아이의 눈을 바라보고 이야기를 듣는 부모가 되게 해주세요.

아이가 내 키보다 더 큰 아이가 되더라도 무시당하지 않는 부모가 되게 해주세요.

무시 당할 일을 하지 않는 부모가 되게 해주세요.

아이가 빨리 컸으면 좋겠습니다.

그래서 이 지긋지긋한 육아를 벗어날 수 있기를 희망합니다.

하지만 아이가 크지 않았으면 합니다.

여전히 부모를 필요로 하는 아이였으면 합니다.

이런 이중적인 내 마음을 살펴봐 주시고 오락가락하는 마음 때문에 나와 아이가 상처받지 않게 해주소서.

진정으로 아이와 대화하고 싶습니다.

아이의 슬픔을 알게 하시고 아이의 기쁨을 나누게 하시고 아이가 고통받지 않게 도와주는 사람이 되고 싶습니다.

다른 사람에게만 인자하게 하지 않게 하시고 내 아이에게 제일 인자한 부모가 되게 해주세요.

아이에게 제일 친절한 부모가 되게 하시고 아이에게 제일 상냥한 부모가 되게 하시고 아이에게 제일 욕심이 없는 부모가 되게 해주세요.

아이의 행복을 제일 크게 생각하는 부모가 되게 하시고 욕심을 내려놓고, 내려놓고 또 내려놓는 부모가 되게 해주세요.

주위의 시선에 신경 쓰지 않는 부모가 되게 하시고 제일 중요한 것이 성적이 아닌 아이의 건강한 몸과 마음이라는 것 행복에 중점을 두게 해주세요.

대한민국에서 한 달에 자살하는 초중고생 아이들이 10명이나 된다고 합니다.

나와 상관없는 일이 되게 하시고 아이를 몰아붙이지 않는 부모가 되게 해주세요.

대한민국에서 자살하는 아이가 사라지는 행복한 가정, 행복한 나라가 되게 해주세요.

때를 알게 하셔서 서두를 때와 기다릴 때를 알게 해주세요.

서두르는 마음보다 항상 아이를 기다리는 마음을 주소서.

내 마음이 어디로 향하는지 알게 하시고 아이의 미래 때문에 부모가 먼저 두려워하지 않게 해주세요.

나를 믿고 아이를 믿을 수 있게 해주세요.

참 힘듭니다.

잘하려고 애를 쓰는데도 어찌해야 할지 모르겠습니다.

돈이 없어서 그런가 싶어 속이 상합니다.

부모가 훌륭하지 못해서 그런가 싶어 마음이 쓰입니다.

나 혼자 아등바등 키워야 해서 그런가 싶어 눈물이 납니다.

아이를 잘 키우고 싶은데 욕심만 앞서도 내 뜻대로 되지 않습니다.

화가 납니다. 다른 아이와 비교 합니다. 나보다 못한 부모 밑에서 더 잘난 아이가 있는 걸 보면 너무 불쾌합니다.

억울합니다. 나만큼 잘하는 사람도 없지 않습니까?

지칩니다. 좀 쉬고 싶습니다.

그런데 쉴 수가 없습니다.

그러니 좀 도와주세요.

이 마음에 여유를 주시고 평안한 마음을 허락해주소서.

남을 신경 쓰지 않아도 되는 강한 마음을 주소서.

내가 부족한 점이 있다면 도움이 되는 손길을 주시고 잘 하고 있다면 휘둘리지 않는 강한 마음을 주소서.

저는 주님밖에 없습니다.

기도하는 시간과 의지를 허락해주시고 주님께 삶을 의지하는 주의 자녀 되게 해주세요.

예수님의 이름으로 기도드립니다. 아멘.

 넌 어떻게 생각해?

1. 아이와 대화를 하려면 무엇이 제일 먼저 필요할까요?
2. 대화와 명령의 차이는 무엇일까요?
3. 무엇이 나를 제일 힘들게 하나요? 있는 대로 다 적어봅시다.
4. 나를 행복하게 하는 것은 무엇이 있을까요? 있는 대로 다 적어봅시다.

더글러스 맥아더 기도문

나에게 이런 자녀를 주옵소서

약할 때 자기를 잘 분별할 힘과
두려울 때 자신을 잃지 않는 용기를 가지고
정직한 패배에 부끄러워하지 않고 태연하게
승리에 겸손하고 온유할 수 있는 사람이 되게 하소서

그를 요행과 안락한 길을 인도하지 마시고
곤란과 고통의 길에서 항거할 줄 알게 하시고
폭풍우 속에서도 일어설 줄 알며
패한 자를 불쌍히 여길 줄 알도록 해주소서

그의 마음을 깨끗이 하고 목표는 높게 하시고
남을 다스리기 전에 자신을 다스리게 하시며
미래를 지향하는 동시에 과거를 잊지 않게 하소서

그 위에 유머를 알게 하시어 인생을 엄숙히 살아가면서도
삶을 즐길 줄 아는 마음과 자기 자신을 너무 드러내지 않고
겸손한 마음을 갖게 하소서

그리고 참으로 위대한 것은 소박함에 있다는 것과
참된 힘은 너그러움에 있다는 것을 항상 명심하게 하소서
그리하여 그의 아버지인 저는 헛된 인생을 살지 않았노라고
나직이 속삭이게 하소서

출처_〈자녀를 위한 기도문〉

부족한 사람이지만 엄마라는 이름으로 큰 용기를 내어 책을 완성했습니다. 저는 모태신앙으로 목사의 자녀로서 평생을 살아오고 있지만 제 신앙이 자랑할 만큼 탄탄하지도 굳세지도 않음을 저 스스로는 너무나 잘 알고 있기 때문입니다. 이런 제가 크리스천 부모를 위해 기도문을 쓰는 것이 과연 옳은 일인지 수도 없이 고민했고 기도했습니다. 주님은 완성하라고 하시는 듯했지만 저는 모른 척했습니다.

이 원고는 이 년 동안 제 노트북 속에서 잠자고 있었습니다. 주님은 사람을 보내시더군요. 하브루타 책을 완성하고 출간을 하라고 보내신 주님의 사자였지요. 하브루타 책은 기독교 책이 아니니까, 제 경험을 쓰는 거라서 부담이 크지 않았습니다. 그렇게 하브루타 교육서로 순식간에 계약이 되었습니다.

그런데 이게 또 제 뜻대로 흘러가지 않았습니다. 출판사와 조율하는 과정에서 크리스천 부모를 위해 기도문을 써서 활용해보고 싶다는 마음에 사로잡혔습니다. 저는 신학을 전공한 사람도 아니고 교역자도 아닙니다만, 주님이 나로 하여금 겪게 한 이야기를 기반으로 적고자 했습니다.

제가 왜 그 힘든 시절에 아이를 가지게 하고 부모가 되었는지, 제가 왜 아이를 키우면서 좌절과 고통 속에 있었는지, 제가 왜 모태신앙 가정에 목사님 가정에 보내어졌는지를 생각했습니다. 정녕 제 부모님의 기도의 힘이 없었다면 지금의 저는 없었을 것임을 시인하게 됐습니다. 그리고 왜 제가 이렇게 글을 쓰고 작가가 되게 하셨는지 생각했습니다. 주님이 왜 부족한 저의 혀를 훈련하게 하고, 가르치는 일을 하게 하셨는지, 주님의 계획하심을 생각했습니다.

저는 이 책을 출간하기 이전에 영어책을 한 권 출간했습니다. 18년간 영어 선생을 해 왔었던 경험을 토대로 한 영문법 책입니다. 그리고 같은 해, 저만의 엄마 철학이 담겨있는 에세이도 출간했습니다. "주님, 저는 말주변이 없습니다"라고 모세가 이야기했지요. 하나님은 제가 그런 변명을 할 줄 아셨기에 책도 미리 써 보게 하셨고 선생의 자리에 오래도록 앉히셨나 봅니다. 제 자랑이 아닙니다. 저는 사실 아무것도 한 것이 없습니다.

맞습니다. 저를 여기 이 자리에 있게 하신 분은 제 부모님입니다. 하늘에 계시는 하나님이 제 부모이고 저를 낳아주시고 길러주신 육신의 부모님이 또 계십니다. 친구들은 늘 저를 부러워했습니다. 늘 운이 좋은 아이였고, 뭣 하나 부족함이 없는 아이였으며, 늘 자신감이 넘치고 행복해 보이는 아이였습니다. 저는 사실 그 이유를 누구보다 더 잘 알고 있습니다. 그 모든 운은 제 부모님의 기도였다는 사실 말입니다. 부모님의 기도가 없었다면 저는 분명 이렇게 행복하고 건강한 사람이 되지 못했음을 너무도 잘 알고 있습니다.

지금 기도를 제일 열심히 해야 할 사람도 저임을 분명 알고 있습니다. 제가 받은 기도와 믿음의 유산을 사랑하는 제 아이에게 다시 물려줘야 하기 때문입니다. 제가 가진 것은 그것밖에 없음을 고백합니다.

그렇기에 저는 이 책을 써야 할 이유가 분명했습니다. 그래서 순종할 수밖에 없었습니다. 그 말씀을 마음속에 주시니 거절할 수 있는 뻔뻔함은 더 이상 없었습니다. 저보다 더 힘든 부모들이 이 땅에 많음을 알고 있기에, 기도의 능력을 체험한 저에게 이제 주의 일을 하라고 하신다는 걸 깨닫고 순종했습니다.

주님은 당신을 사랑하십니다. 주님은 당신의 자녀를 끔찍이 사랑하십니다. 그러니 지금 너무 힘들어 다 포기하고 싶은 순간일지라도, 기도의 끈을 놓지 않기를 바랍니다. 그것이 우리가 살수 있는 유일한 끈이니까요. 하나님보다 더 위대하고 멋진 분을 아십니까? 그 최고의 연줄을 절대 놓지 마십시오. 나아가 우리의 자녀에게 잘 연결될 수 있게 기도의 삶을 연결해주시길 간절히 부탁드립니다.

오늘도 기도와 함께 당신의 삶과 가정이 평안하시길 기도드립니다.

당신이 이제 그만 눈물 흘리셨으면 좋겠습니다.